OBJETO, MODO DE USAR

Blucher

OBJETO, MODO DE USAR

*Construção de objeto na psicanálise
de pacientes borderline*

Patrícia Cabianca Gazire

Objeto, modo de usar: construção de objeto na psicanálise de pacientes borderline
© 2017 Patrícia Cabianca Gazire
Editora Edgard Blücher Ltda.

Imagem da capa: iStockphoto

Blucher

Rua Pedroso Alvarenga, 1245, 4º andar
04531-934 – São Paulo – SP – Brasil
Tel.: 55 11 3078-5366
contato@blucher.com.br
www.blucher.com.br

Segundo o Novo Acordo Ortográfico, conforme
5. ed. do *Vocabulário Ortográfico da Língua
Portuguesa*, Academia Brasileira de Letras,
março de 2009.

É proibida a reprodução total ou parcial por
quaisquer meios sem autorização escrita da
editora.

Todos os direitos reservados pela Editora Edgard
Blücher Ltda.

Dados Internacionais de Catalogação
na Publicação (CIP)
Angélica Ilacqua CRB-8/7057

Gazire, Patrícia Cabianca

Objeto, modo de usar: construção de objeto
na psicanálise de pacientes *borderline* / Patrícia
Cabianca Gazire. – São Paulo : Blucher, 2017.

232 p.

Bibliografia
ISBN 978-85-212-1258-4

1. Psicanálise 2. Distúrbios de personalidade *borderline* I. Título.

17-1648   CDD 150.195

Índice para catálogo sistemático:
1. Psicanálise

Um grilo,

dois pulos

três amores

irmãos

canções

Pedro, Maria, João

Uma lagartixa,

quatro passos

cinco olhares

Pamina, Leonard

Seis

agora

Isla Zaza

(e quem mais passar por lá).

Conteúdo

Agradecimentos	9
Prefácio	11
Apresentação	15
Introdução	19
1. Ágata, o caso clínico de referência: o que jogar na lixeira?	29
2. Diagnóstico, sintoma de uma época?	71
3. À procura de um estatuto metapsicológico do objeto em Freud	105
4. Aplicação prática I: os três tempos da lixeira	143
5. Aplicação prática II: do Vale do Anhangabaú à favela	169
6. O que concluir	201
Referências	217

Agradecimentos

Meus sinceros agradecimentos a Jacques André, pelo acolhimento na França, pela orientação cuidadosa e estimulante da pesquisa de doutorado, e por ter me guiado e me aconselhado durante os quatro anos de trabalho, me concedendo ao mesmo tempo uma grande liberdade.

A Nelson da Silva Junior por ter me recebido no Grupo de Pesquisa sobre Marcas Corporais no Instituto de Psicologia da Universidade de São Paulo (IPUSP), por estar comigo desde o início, pela coorientação da tese e pela gentileza e paciência.

Ao Departamento de Psiquiatria da Universidade Federal de São Paulo (Unifesp) e aos colegas do Ambulatório para Transtorno de Personalidade (Amborder): Julieta Freitas Ramalho da Silva, Maria Luiza de Mattos Fiore, Antônio Carlos Cintra Correa, Milton Della Nina, Salvador Bianco, Adelaide Avancine e Antônia Ferreira dos Santos (*in memoriam*).

A Thais Blucher, Eduardo Blucher, Bonie Santos e à equipe da editora Blucher pelo apoio e pelo cuidado com esta edição.

A Denise Pegorim pelos primeiros trabalhos de edição, sobretudo as sugestões para o capítulo "Ágata, o caso clínico de referência: o que jogar na lixeira?".

Este livro não poderia ter sido realizado sem o apoio de Cecília Orsini, Sandra Schaffa, Deodato Azambuja, Luiz Carlos Menezes e Jérémy Buldo; dos companheiros da Front Révolutionnaire d'Action Poétique (FRAP): Gregg Burel, Luc Superchi Gaillard, Chloé Masson, Lazare Barbage e Diane Massone; dos Gazire: Sérgio, Elba, Zezé, Rodrigo, Luciana, Susana, Carlos, Maurício e Camila; e dos Benski: Regina, Daniel, Anne-Caroline, Alfonso, Guillaume, Ulli (*in memoriam*), Thomas e Beth.

Prefácio

Algumas obras, mais que outras, constituem uma aventura intelectual e cultural. A autora, entre o Brasil e a França, no exílio de uma língua estrangeira, produziu um livro fascinante, testemunhando seu engajamento claro com a psicanálise e com a comunicação entre os modos de pensamento e suas nuances para além das diferenças culturais.

Os dois países universitários, o Brasil e a França, estão particularmente presentes aqui. Em primeiro lugar, porque o primeiro encontro entre mim e a autora ocorreu em 2009, em São Paulo, no contexto de um seminário na Sociedade Brasileira de Psicanálise de São Paulo, antes que eu me tornasse, dois anos depois, orientador de sua tese de doutorado, elaborada e defendida na Université Paris Diderot (Paris 7), em 2015. E, também, pela participação do professor Nelson da Silva Junior, da Universidade de São Paulo, em diálogo constante com a produção deste trabalho.

A psicanálise da paciente Ágata, conduzida pela autora, ocorreu no contexto da clínica universitária, instituição de formação e de pesquisa inexistente na universidade francesa. A questão dos lugares é um ponto muito importante neste trabalho, tanto os lugares da cidade quanto os lugares do tratamento, da clínica ao consultório particular.

A paciente e sua cidade, São Paulo, têm uma espécie de homogeneidade. Não é São Paulo uma cidade *borderline*, sempre ao lado de seus próprios limites, desprovida de centro e, por conseguinte, de periferia, sem ter verdadeiramente começo e fim? A vida psíquica de Ágata, uma arquiteta sem arquitetura, é particularmente refletida em suas andanças, nos lugares que ela frequenta ritualmente. Tudo isso torna especialmente central o ponto de vista tópico em psicanálise, inseparável da questão do eu, já que o ponto de vista tópico é sempre um ponto de vista egoico.

Para que lado vai uma análise? Para o lado do id ou para o lado do eu? Essa interrogação, que ocupa todo o final da obra freudiana, em relação aos impasses e aos obstáculos da prática, é central no caso de Ágata. As reflexões da autora em torno do "lugar lixeira", identificado pela paciente, são especialmente interessantes. A elas se segue uma reflexão fecunda sobre a psicanálise do enquadre ou *setting*. Impossível, sem dúvida, separar a análise do eu de um privilégio concedido ao local do tratamento.

A reflexão da autora confirma o que é, sem dúvida, o principal ensinamento da clínica *borderline*: não há nada no homem que não se refira a uma psicogênese, incluindo os gestos mais elementares: comer, beber, respirar, digerir/metabolizar, andar e, sem dúvida, falar. Nada aqui diz respeito à mecânica de uma simples aprendizagem. Muitos pacientes *borderline* procuram a psicanálise para aprender a falar, mesmo quando dispõem de um domínio perfeito da língua nativa.

O objeto é a questão principal deste trabalho. O objeto, modo de usar: um bom título para este trabalho clínico. O que há de mais complicado que a relação que o sujeito estabelece com os outros? Disso resulta uma relação transferencial particularmente difícil, no duplo trabalho de construção tanto do eu como do objeto.

Jacques André

Psicanalista membro da Association Psychanalytique de France
e professor emérito da Université Paris Diderot (Paris 7)

Apresentação

Este livro foi originalmente uma tese de doutorado em Psicanálise feita sob a orientação do professor Jacques André (França) e do professor Nelson da Silva Junior (Brasil), apresentada à École Doctorale de Recherches en Psychanalyse et Psychopathologie da Université Paris Diderot (Paris 7). O texto, escrito originalmente em francês, é aqui publicado em português com pequenas alterações.

O Capítulo 1, intitulado "Ágata,[1] o caso clínico de referência: o que jogar na lixeira?", é o relato do processo psicanalítico de Ágata, que teve duração de cinco anos e início no contexto de uma pesquisa na Universidade Federal de São Paulo (Unifesp), como já mencionado. Essa pesquisa foi realizada entre 2002 e 2007 e um dos seus eixos abordava a psicanálise de pacientes com transtorno de personalidade. Como os capítulos seguintes retomam várias vezes exemplos clínicos extraídos da psicanálise de Ágata,

---

1 Foi utilizado um nome fictício a fim de preservar a identidade da paciente.

16 APRESENTAÇÃO

escolheu-se narrar o caso em sua integralidade a fim de fornecer ao leitor a continuidade necessária à compreensão das discussões posteriores.

No Capítulo 2, "Diagnóstico: sintoma de uma época?", a proposta é repensar o diagnóstico *borderline* inserindo-o em um contexto histórico datado, sendo seu sentido relacionado a um momento sociocultural preciso. Utiliza-se, para auxiliar esta argumentação, a via literária.

Em seguida, no Capítulo 3, "Em busca de estatuto metapsicológico do objeto em Freud", efetua-se um estudo crítico e aprofundado da noção de objeto em Freud e em alguns de seus leitores, em particular aqueles que permanecerem em diálogo com o autor, mesmo propondo certas modificações e extensões do conceito de objeto, como é o caso da teoria das relações de objeto da escola inglesa.

Os dois capítulos seguintes são, em sua essência, clínicos. O Capítulo 4, "Aplicação clínica I: os três tempos da lixeira", tem como ponto de partida uma abordagem teórica semelhante à do capítulo anterior no que concerne à noção de objeto em Freud. Trata-se, aqui, de trabalhar as características do objeto freudiano confrontando-as com os *borderline* a fim de submetê-las às tensões propostas pelo caso clínico de Ágata. O objetivo é verificar, a partir do interior da clínica, quais deslocamentos e modificações são necessários à noção freudiana de objeto para torná-la útil à condução da psicanálise dos *borderline*. Segue-se, em três momentos distintos do processo psicanalítico de Ágata, o modo como uma "lixeira" é constituída em termos transferenciais, como um local importante que pode tornar-se, finalmente, o "continente" para um "alimento ruim". Observa-se, do mesmo modo, o sentido que adquire o alimento para Ágata, ou seja, qual a sua posição diante do desejo materno. Vê-se, então, que uma dimensão de falta se constitui e que isso ocorre ao mesmo tempo que o objeto "lixeira" se constrói.

Já o Capítulo 5, "Aplicação clínica II: do Vale do Anhangabaú à favela", aborda a construção de objeto como constituição de um espaço simbólico do sujeito, um "si mesmo" (Baligand, 2013). Para isso, concentra-se sobre a transferência e suas extensões "para fora" do consultório do psicanalista, ou seja, como inscrição e escrita nos lugares da cidade de São Paulo. Encontra-se, aqui, um caminho em direção à criação de metáforas.

Finalmente, o Capítulo 6, "O que se pode concluir", articula certas hipóteses principais no que diz respeito à construção de objeto no processo psicanalítico de Ágata. Tenta-se elaborar essas hipóteses como ferramentas para a condução do tratamento psicanalítico dos *borderline*.

Espero que este livro ajude terapeutas corajosos que, como eu, arriscam-se na aventura de atender a pacientes difíceis em psicanálise. E que ele sirva de inspiração para futuras pesquisas na área.

Boa leitura!

Introdução

O percurso da pesquisa psicanalítica

Os conceitos psicanalíticos criados por Freud, dentre os quais o de objeto, resultam da observação clínica do autor, em fins do século XIX e início do século XX, sobre a psicanálise de pacientes histéricas. Entretanto, novos paradigmas ligados às relações entre o sujeito e a cultura seguem as mudanças nos laços sociais no século XXI. Elas afetam diretamente o corpo, o que produz novas "organizações sintomáticas" apresentadas pelos sujeitos da era contemporânea.

Como exemplo, citemos Slajov Žižek (2003), que, logo no início de seu livro, escreve:

> Vejamos o fenômeno dos cutters [designando sujeitos, geralmente mulheres, que sentem o desejo irresistível de se cortar com lâminas ou de se ferir de outras formas], um fenômeno que ocorre em exato paralelo à

> virtualização de nosso ambiente: representa uma es-
> tratégia desesperada visando ao retorno sobre o real
> do corpo. Dessa forma, o cutting se opõe à prática da
> tatuagem, a qual testemunha a inclusão do sujeito na
> ordem simbólica [virtual]. (p. 30, em tradução livre)

Žižek discute o ato de se cortar como sinal do anseio de afirmar a própria realidade. Segundo o autor, não se trata de um ato
suicida nem de autodestruição. O corte infligido ao próprio corpo
seria, antes, "uma tentativa radical de dominar a realidade, visando
basear firmemente o eu na realidade do corpo contra a angústia
insuportável de sentir-se inexistente" (Žižek, 2003, p. 30, em tradução livre).

Essas "novas organizações" que acompanham o mundo contemporâneo nos levam a observar, da mesma forma, uma transformação na clínica psicanalítica. Os pacientes atuais parecem
apresentar um funcionamento diferente daquele das histéricas. Entretanto, estes também não podem mais ser classificados no grupo
das psicoses. São pessoas que buscam a psicanálise queixando-se
de um sofrimento profundo, de sentimentos de vazio, de desinte-
gração do eu, de solidão e de perda da identidade. Frequentemente,
por meio das palavras, seu corpo chega até nós não muito visível,
mesmo quase diluído, um todo de sensações sem nos fornecer, entretanto, uma pista dos limites de um eu que possa indicar um lugar psíquico alcançado por uma fala que leve em conta esse corpo.
Podem também sofrer crises de angústia sem perder, entretanto, o
contato com a realidade. Podem mutilar seu corpo ou transformá-
-lo, desejando acrescentar os dois sexos em um mesmo corpo. Trazem à tona, então, um questionamento em torno do gênero: nada
mais pode ser definido, nem estático, nem mesmo categorizado.

Os estados-limite ou *borderline* – como são frequentemente chamados – impõem, então, à psicanálise uma transformação tanto teórica como técnica e metodológica. Não é mais possível interpretar o id sem antes ter construído o eu. Não é mais possível deitar no divã e contar sonhos sem antes poder fixar o olhar do analista como ponto de referência para encontrar neste um espelho e um contorno de si mesmo. Não é mais possível associar livremente se as palavras não conseguem exprimir o sofrimento devido a uma angústia sem fim e sem nome.

Os *borderline* trazem um questionamento ao enquadre psicanalítico, sobretudo no que se refere à relação destes com seu psicanalista: o outro de seu desejo, o outro desejado, o outro do qual eles temem se aproximar e do qual, ao mesmo tempo, não suportam estar longe. Sua problemática parece se situar em torno do outro – o objeto –, diante do qual ele não sabe como se posicionar.

Do lado dos psicanalistas, a ambiguidade que afeta a noção de objeto pode ser considerada um ponto de viragem no desenvolvimento das ideias que resultou na escola inglesa das relações de objeto. Depois de Freud, duas teorias do objeto importantes se apresentaram. A primeira, a teoria do objeto parcial, foi proposta por Karl Abraham e, posteriormente, desenvolvida por Melanie Klein. Segundo Klein, o objeto parcial é buscado pelas pulsões parciais, sem que isso implique que a pessoa inteira seja tomada como objeto de amor, mesmo que esse objeto possua as características de uma pessoa, como a bondade ou a segurança do seio. O objeto parcial desempenha um papel importante, por isso, no estabelecimento da relação com um objeto total. A função do objeto parcial traz em si mesma a dialética entre a parcialidade e a totalidade (Laplanche & Pontalis, 1967).

A segunda teoria de objeto importante é a do objeto transicional de Winnicott (1969):

do nosso ponto de vista, o objeto vem do exterior, mas nem por isso se refere ao ponto de vista da criança. Para esta, o objeto também não está dentro; não é uma alucinação. ... O objeto transicional e os fenômenos transicionais fornecem, desde o início, a todos os indivíduos, algo que permanecerá para sempre importante para eles, a saber, uma área de experiência neutra que nunca será contestada. (pp. 174-183, em tradução livre)

A ideia de objeto transicional implica, então, uma ambiguidade entre o interior e o exterior. Essa ambiguidade foi, entretanto, frequentemente mal interpretada pelos psicanalistas, o que favoreceu uma compreensão positivada do objeto, constantemente visto como "objeto real" em detrimento dos seus aspectos metapsicológicos. Tomando emprestadas as palavras de Pierre Fédida (1978/2005a):

A teorização do objeto transicional em Winnicott só é viável por um trabalho de des-significação operado sobre um dado de observação do bebê e das relações comportamentais entre a mãe e sua criança. Isso nos leva praticamente a dizer, então, que toda observação secundária dos processos observados obtura imediatamente o poder de sentido descoberto por este trabalho teórico. (p. 184, em tradução livre)

Essa foi uma das nossas preocupações ao longo da escrita deste trabalho: não deixar coincidir *objeto* com *objeto real*, nem com *objeto no sentido concreto*, nem com *objeto exterior, da realidade*. Isso seria "o efeito ótico de uma teoria psicanalítica não dialectizada e reduzida a uma conceituação biopsicológica do crescimento e do desenvolvimento (não historicizada)" (Fédida, 1979, p. 77, em tradução livre). A noção de objeto que utilizamos – sobre a qual teremos a oportunidade de discutir adiante – supõe levar em conta os aspectos inconscientes do objeto, ou seja, a maneira como esses aspectos se apresentam na clínica, a partir do enquadre psicanalítico e considerados no interior dos processos de transferência e contratransferência.

Fomos imediatamente tomados por uma série de questionamentos. No que diz respeito ao *borderline*, cujo registro de objeto parece ausente, como é possível pensar a questão da pertinência da abordagem psicanalítica? Que modificações seriam necessárias em relação ao método sem que caíssemos em práticas de correção, educativas ou assistenciais, estas mais voltadas para a psicoterapia? A abordagem psicanalítica seria apropriada para o tratamento dos *borderline*?

Além disso, a questão do diagnóstico *borderline*, contra o qual muito debatemos, principalmente no início da escrita deste livro, não é tão simples. Algumas vezes, não tínhamos escolha, já que os pacientes encaminhados de instituições psiquiátricas ou médicas nos chegavam com muita frequência já diagnosticados. Entretanto, quando refletíamos do ponto de vista psicanalítico, inúmeras dúvidas surgiam. Parecia que nós, psicanalistas e psiquiatras, não falávamos do mesmo paciente, tão numerosos eram os pontos de vista e tão variados e diversos eram nossos pressupostos epistemológicos. Em seguida, surge outra questão: quando falamos *borderline*, a que estamos nos referindo exatamente? Para relativizar a questão do diagnóstico, utilizamos um exemplo da literatura, mais precisamente da literatura francesa do século XIX.

Nosso interesse específico pelo tema da *construção de objeto* em psicanálise surgiu – os questionamentos precedentes estando em jogo e motivando o futuro das nossas pesquisas – a partir da

24 INTRODUÇÃO

psicanálise de Ágata,[1] uma paciente diagnosticada como *border-line* por seu psiquiatra, sua psicóloga e sua terapeuta ocupacional. O contexto era o de uma pesquisa conduzida com outros psicanalistas interessados na aplicação e na transmissão da psicanálise na Escola Paulista de Medicina da Universidade Federal de São Paulo (Unifesp), em um departamento de psiquiatria, focalizando pacientes que não se adaptavam aos setores hospitalares existentes, permanecendo, assim, sem local para tratamento.

Foi assim que Ágata chegou. Deprimida, dizendo que queria se suicidar, ela cortava seu corpo e apresentava um ritual em que retirava seu sangue com uma seringa e o armazenava em pequenos vidros dentro do armário. Nós nos demos conta, rapidamente, de que não faltava a Ágata somente um local de acolhimento e tratamento, mas se tratava de alguém para quem o acesso ao espaço – físico, psíquico, social – estava impossibilitado.

Os cortes no corpo e o ritual cessaram ao longo dos cinco anos de tratamento psicanalítico. Ao mesmo tempo, sua capacidade de enfrentar situações difíceis – isso era o que dizíamos durante as trocas de impressões com a equipe multidisciplinar; trata-se, portanto, de impressões exteriores ao processo psicanalítico – melhorou. Apesar disso, nunca nos foi fácil precisar, no tratamento – e, então, desde o interior do processo psicanalítico –, o momento em que uma mudança psíquica teria ocorrido. Uma dificuldade similar se coloca no que se refere à localização de algo que tivesse sido dito, ou alguma situação clínica ligada à transferência ou à contratransferência que pode ter deflagrado tal transformação.

Teorizar a respeito do modo como se produzem as mudanças no nível intrapsíquico, ou seja, situar essas mudanças em termos

---

1 Nome fictício a fim de preservar a identidade da paciente.

da economia psíquica e da reorganização das instâncias do ponto de vista metapsicológico é uma tarefa de peso.

Em uma leitura *a posteriori*, percebemos de imediato a recorrência da palavra "lixeira" pelo menos em três momentos do processo psicanalítico. Em seguida, demo-nos conta da dimensão que tomavam tanto os alimentos como os excrementos na dinâmica psíquica apresentada por Ágata.

Algo que chamou nossa atenção desde o início foi, entretanto, a importância que iam adquirindo certos "personagens" nos relatos de Ágata – aquilo que chamamos, então, de seus *objetos*. De modo que, quando levávamos em conta e dávamos importância a esses objetos, imaginando que tinham vida própria, e, assim, tentávamos falar com Ágata por meio deles, isso levava a reações surpreendentes no que concerne a *insights* e elaborações. Com efeito, percebíamos o traçado de formas, de desenhos, a criação de cenas com personagens que iam sendo escritos em seu interior – o que nos acompanha até os dias de hoje, muito tempo após o término do tratamento psicanalítico de Ágata. A partir disso, tentamos fazer uma cartografia ao longo dos anos, esboçando-a finalmente na escrita deste trabalho – desenvolvido na pesquisa de doutorado.

A criação de personagens e o ato de escrevê-los em cenas, tendo como pano de fundo certos lugares não habitados da cidade de São Paulo – e acrescentamos que Ágata foi buscar um diploma de arquitetura nessa busca de meios para escrever um objeto –, tudo isso nos forneceu pistas para refletir sobre a relação entre a história desta psicanálise e a história de sua escrita no campo simbólico de um conjunto de espaços, tempos e sentidos. Desse modo, o processo analítico parece ter se passado, ao mesmo tempo, na sala de análise (com o psicanalista), no interior do psiquismo de Ágata (o eu em suas relações dinâmicas com o id e o supereu) e no exterior (o conjunto de lugares onde a *escrita do processo psicanalítico* pode ser efetuada e os objetos, desenhados).

A *escrita do processo psicanalítico*, ou seja, um processo que visa encontrar a relação da palavra com as coisas. Processo essencial, segundo Fédida (1978/2005a), a toda revelação lúdica, poética e pictórica, e que não pode ser tomado pela existência de uma oposição entre sujeito e objeto, subjetivo e objetivo, e mesmo entre interior e exterior.

É em um local semelhante – entre a ousadia e os escrúpulos – que o poeta Francis Ponge (1971) situa a escrita:

> *O fato da escrita e da leitura de um texto do mundo ... mas escrever, por quê? Para produzir (deixar) um traço (material), para materializar meu caminho a fim de que ele possa ser seguido outra vez, uma segunda vez. Mas como, somente, eu posso escrever? Pelas palavras. Quais palavras? Aquelas que ao mesmo tempo a minha ousadia me conduz, me incita a traçar, escrever, e que meus escrúpulos me permitem escrever, traçar ... em suma, é preciso que essas palavras sejam tais que, colocadas por mim, na minha frente, como portas, elas se ajudem a si mesmas a se abrirem. (citado por Fédida, 1978/2005a, p. 153, em tradução livre)*

Donde a escolha – paralelamente à discussão sobre a natureza dos objetos e sua construção a partir do material clínico das sessões psicanalíticas de Ágata – da via literária: Ágata deixa a sala de análise em busca de metáforas. Estas são construídas com base em sua experiência de exploração dos espaços da cidade, escrevendo seus traços, seguidos de seu apagamento, para que um percurso possa ser registrado. É justamente aí que encontramos a presença do *sexual*: o que Freud chama de *sexual infantil*, o desejo inconsciente; o que os escritores chamam de *sexual das palavras*, uma força de atração entre elas de onde resulta o estilo, a escrita pessoal, a expressão do sujeito por meio da arte poética.

Assim, o estilo de escrita aqui encontrado transita entre a "prosa científica" – a transmissão de conhecimentos visando à compreensão do leitor – e a "prosa artística" – a criação de um mundo imaginativo e poético que se dirige também à sensibilidade do leitor. É preciso lembrar sempre que estamos lidando com uma construção. De outro modo, estaríamos delirando, "e a diferença entre o delírio e a teoria está precisamente no fato de esta ser reconhecida como ficção" (Souza, 1998/2010, p. 49).

Por fim, uma observação quanto aos termos em português escolhidos para designar os vocábulos "técnicos" escritos por Freud originalmente em alemão: *Trieb*, *Ich*, *Überich*, *Es*, *Verdrängung*, *Nachträglich*, entre outros. A tradução de tais vocábulos tem suscitado discussões entusiasmadas e muita controvérsia na psicanálise. Para evitar mal-entendidos, nas citações diretas dos textos de Freud, optei por utilizar a tradução de Paulo César de Souza,[2] pela primeira vez em português diretamente do alemão. Em meus comentários e discussões, no entanto, decidi manter os termos "pulsão", "eu", "supereu", "id", "recalcamento" e "*après coup*", entre outros, por me sentir à vontade com a nominação francesa. Remeto o leitor à discussão feita por Paulo César de Souza sobre "As *Œuvres complètes*" de Sigmund Freud (ver Souza, 1998/2010, p. 146, item III).

---

2 Organizador e tradutor da série *Sigmund Freud: Obras Completas*, publicada pela Companhia das Letras.

1. Ágata,[1] o caso clínico de referência: o que jogar na lixeira?

A pesquisa na Unifesp

Este capítulo é uma adaptação do primeiro relatório apresentado durante a formação psicanalítica no Instituto de Psicanálise Durval Marcondes da Sociedade Brasileira de Psicanálise de São Paulo (SBPSP) em maio de 2008. Expus, na ocasião, o processo psicanalítico de Ágata desde o momento em que a conheci em fins de 2002. Ela estava, então, com 32 anos.

Naquela época, eu participava de um projeto de pesquisa do Departamento de Psiquiatria da Universidade Federal de São Paulo (Unifesp) sobre a possibilidade da aplicação e da transmissão da psicanálise em uma instituição pública de saúde, o Hospital São Paulo (HSP), como é conhecido o hospital universitário da Unifesp. O projeto de pesquisa[2] consistia em três estudos clínicos,

---

1 Foi utilizado um nome fictício a fim de preservar a identidade da paciente.
2 Projeto temático – Pesquisa em psicoterapia psicanalítica: Aplicação clínica no atendimento de pacientes previdenciários e ensino nos programas de residência em psiquiatria e especialização em psicologia da saúde. Apoio: FAPESP

30 ÁGATA, O CASO CLÍNICO DE REFERÊNCIA

sendo que um deles, intitulado "Estudo psicoterápico psicanalíti-co de pacientes diagnosticados com transtorno de personalidade",[3] tinha por objetivo a investigação do processo psicanalítico e a ava-liação das mudanças psíquicas em pacientes com transtorno da personalidade (American Psychological Association [APA], 1994) no que diz respeito à eficácia do tratamento.

Antes de passar a fazer parte do protocolo do estudo, Ágata foi submetida a uma bateria de testes psiquiátricos e ao método de Rorschach a fim de confirmar o diagnóstico. Em seguida, ela passou por uma série de entrevistas para iniciar a psicoterapia psi-canalítica na instituição hospitalar pública, comigo.

Nesse contexto, atendi a Ágata durante três anos, de novembro de 2002 a dezembro de 2005. Em seguida, em virtude de um acor-do entre nós, as sessões continuaram em meu consultório particu-lar. Segundo o protocolo de pesquisa, durante esse período, Ágata passaria por consultas semanais com um psiquiatra que também participava do projeto de pesquisa. Os oito psicoterapeutas partici-pantes do projeto, dentre os quais me incluo, se encontravam uma vez por semana para uma discussão clínica em grupo conduzida por um coordenador psicanalista exterior à pesquisa.

Antecedentes

Antes disso, em 1998, Ágata havia consultado o ambulatório de transtornos alimentares (Ambulim) no mais importante hos-pital universitário do país, o Hospital das Clínicas da Faculdade

---

n° 2002/08878-0. Coordenação: Latife Yázigi, Julieta Freitas Ramalho da Silva, Norma Lottenberg Semer, Maria Luiza de Mattos Fiore. Departamento de Psi-quiatria da Escola Paulista de Medicina (EPM) da Unifesp.

3 Coordenadora: Professora Doutora Julieta Freitas Ramalho da Silva.

de Medicina da Universidade de São Paulo (HCFMUSP). Lá, ela foi diagnosticada com anorexia nervosa e transtorno obsessivo compulsivo e fez duas sessões de psicoterapia. Ágata também se consultou em outro grande hospital, a Santa Casa de Misericórdia de São Paulo, mas não seguiu nenhum tratamento lá.

Consultou, em seguida, a clínica de psicologia da Pontifícia Universidade Católica de São Paulo (PUC-SP), onde foi atendida por Cida, que era ainda estudante do quinto ano de psicologia. Em outubro de 1999, após um ano de tratamento psicológico, Cida terminou a faculdade e mudou sua área de trabalho, encaminhando Ágata a Meire para atendimento psicoterápico em uma clínica particular. Nessa transição, ainda no mês de outubro, Ágata ingeriu grande quantidade de Fenergan[4] no trabalho, ficou algum tempo desacordada e foi levada para o Hospital das Clínicas. Separar-se de Cida a havia afetado profundamente. Estava deprimida e chorava muito. Internada pela primeira vez, permaneceu no hospital por dez dias e recebeu alta a pedido do pai. Retomou, então, a psicoterapia com Cida, que a encaminhou para acompanhamento sistemático com o psiquiatra Rony.

Foram esses dois profissionais, Meire e Rony, que entraram em contato comigo no fim de 2002. Ambos se sentiam impotentes, a mesma sensação experimentada pela terapeuta ocupacional que completava a pequena equipe que cuidava de Ágata. Havia, além disso, uma falta de integração entre eles. Pareciam ter desistido de Ágata e buscavam para ela o apoio da instituição, vista como facilitadora da manutenção do lugar do analista e capaz de oferecer o que lhe era necessário naquele momento, ou seja, tratamento psiquiátrico e psicanalítico, suporte hospitalar e medicamentos em regime de gratuidade. Admitida como paciente da pesquisa da

---

4 Prometazina, um anticolinérgico e anti-histamínico com forte poder sedativo.

Unifesp, Ágata receberia também lanche e vale-transporte para comparecer às consultas e às sessões.

A primeira entrevista (fim de novembro de 2002): a lixeira

No momento que entramos na sala de atendimento, estendo a mão para um cumprimento, ao que Ágata retribui. Ela estava imersa em um estado de confusão, de desconexão com realidade, parecia triste e incrédula quanto à possibilidade de receber ajuda. No início da pesquisa, as sessões se passavam dentro do hospital, em uma sala com duas mesas e outros móveis. Sentamo-nos nas cadeiras junto ao ângulo de uma das mesas e, vendo que ela segura um saco de papel com algo para comer, comento: "Você trouxe uma comida". Ágata responde: "É, é o café da manhã, eu ainda não comi nada, mas está ruim, vou jogar fora".

Ágata parece deprimida e se queixa de estar sendo "abandonada" pelos seus médicos. Sente-se muito desamparada, tem vontade de morrer. Conta-me dos gatos que alimenta no Vale do Anhangabaú, que eram abandonados ali, não tinham comida e viviam na rua, sob o sereno.

Essa primeira sessão transcorre de maneira extremamente tensa, ela ainda está muito ligada à equipe de profissionais que a atendia até então, rejeitando minhas aproximações e minhas tentativas de acompanhá-la e compreendê-la. Ao final da sessão, ela se levanta e me pergunta onde está a lixeira para jogar o saco com a "comida ruim".

Eu lhe digo, de forma desajeitada, indicando a lixeira e tentando ter em mente a função reconfortante do objeto bom.

Eu: "O que houve entre nós não foi um alimento de se jogar fora".

Ela tem uma reação surpreendente: com os olhos cheios d'água, diz, muito irritada, que vai jogar o lixo em outro lugar, ainda que eu tivesse apontado a lixeira.

Nenhum gesto ou palavra minha consegue reverter esse desencontro, e, com essa reação, Ágata já anuncia o que seria atendê-la, como seria estar com ela: lidaríamos com um nível de comunicação muito regredida. Minha interpretação é completamente rejeitada, fazendo-me ver que eu estava equivocada na maneira de escutá-la.

A chegada de Ágata, portanto, é marcada pela questão da aceitação, que se coloca para ela e também para mim: eu posso aceitá-la, a essa comida ruim? Talvez, ao decidir jogar a comida ruim numa lixeira fora da sala de atendimento, ela estivesse escolhendo deixar longe aquilo que poderia me causar repulsa. Dessa maneira, mantinha alguma esperança de ser aceita por mim.

A garantia verbal de que, a partir deste momento, entre nós se passariam apenas "coisas boas" cai no vazio. Parece, além disso, que isso se tornou uma fonte ainda mais forte de angústia. Angústia arcaica, certamente diferente da angústia de castração que inclui o sofrimento pela perda do objeto. A única atitude possível de minha parte seria aguardar uma oportunidade de poder pelo menos olhá-la. Eu deveria repensar a maneira de compreender este impasse, sob a pena de perder a paciente.

Alguns dados da história

No momento que chega, Ágata se sente triste, sozinha e incapaz de trabalhar. Apesar de formada em arquitetura, não consegue mais trabalhar nessa área. Ela se sente mais à vontade em um trabalho em que não precise enfrentar pessoalmente as pessoas (como os *call-centers*, por exemplo, onde ela passava o dia ao telefone). Além disso, seus amigos são sempre muito mais jovens e têm um nível educacional diferente do dela, a maior parte não possui nível superior.

Ágata sente tristeza desde o jardim de infância. Era isolada, as outras crianças pegavam seus brinquedos. A mãe, dona de casa, sempre teve uma relação muito difícil com ela. Não conseguiu esconder, no momento do nascimento, um olhar desdenhoso e decepcionado em relação ao seu bebê: ela não queria ter uma filha mulher, mas um menino. Tomada por uma rejeição instantânea, a mãe nunca mais deixou de ter em relação a ela esse olhar invertido e impregnado de ódio: "Você é uma erva daninha", dizia a mãe batendo em Ágata.

Por ser testemunha de Jeová, a mãe nunca comemorou o aniversário das filhas. Com mania de ordem e limpeza, queixava-se do odor dos alimentos que Ágata preparava na cozinha e também do cheiro deixado por Ágata no banheiro após usá-lo. "Minha mãe me detesta e eu detesto minha mãe." Na adolescência, iniciaram-se as brigas. A mãe também brigava muito com a filha mais velha, que já havia tido depressão e compulsão alimentar (é obesa).

Com o marido, o pai de Ágata, os atritos eram igualmente frequentes. O casal se separou quando Ágata estava na faculdade. Dono de uma marcenaria, o pai tem bom poder aquisitivo. Ambos – o pai e a mãe – têm baixa escolaridade. A irmã conseguiu se casar e criar a própria família. É formada em contabilidade, ocupando um bom cargo num banco. Embora Ágata saiba que a irmã pode ajudá-la, tem receio de sobrecarregá-la se pedir ajuda (econômica, emocional etc.).

Na adolescência, Ágata teve um namorado do qual tinha nojo. Permanecia sempre muito passiva em relação ao rapaz. Contou que fora violentada por ele e engravidara. Foi muito agredida pela família, que não a aceitava e a recriminava duramente pelo ocorrido. Ágata sofreu, então, um aborto natural. Esse fato deflagrou uma "crise": não conseguia mais se alimentar e começou a retirar seu próprio sangue com uma agulha e armazená-lo em pequenos vidros. Ela tentou retirar seu útero com uma agulha de tricô.

Mais tarde, reorganizou-se com outro namorado. Tendo terminado o colegial, inscreveu-se numa faculdade particular de arquitetura em Santos, a cerca de 60 quilômetros de sua cidade. Trabalhava como estagiária na prefeitura de Santos durante o dia e estudava à noite. Depois de formada, o pai montou uma marcenaria com ela e uma amiga de faculdade; segundo relatou, a amiga aplicou-lhe um golpe, roubando todo o dinheiro da marcenaria e fugindo em seguida.

Em 1988, quando os pais se separaram, a relação entre mãe e filha, que já era impregnada por uma rejeição por parte da mãe – o que provocava angústia e ódio em Ágata –, agravou-se. Nessa época, Ágata se formou em arquitetura, ao mesmo tempo que "desmontou" – ela localiza aí o início de sua "doença". O pai pagou um apartamento para que morasse sozinha. Ela se mudou, mas não aguentou e acabou voltando para casa. A mãe ia todo dia ao apartamento e lhe pedia que voltasse, dizendo que havia mudado, que não brigaria mais. Ágata voltou, mas, desde que passou a morar só com sua mãe, a casa se tornou uma espécie de prisão, como se fosse um castelo medieval no interior do qual ambas dividiam algo que não era dito. Depois disso, ela foi finalmente internada no Hospital das Clínicas, sua primeira e única internação.

Quando alguma coisa não corre como planejado ou quando está "muito angustiada", bate em si mesma, belisca-se e tira o próprio sangue com uma seringa. Guarda o sangue em pequenos vidros que armazena em um armário em seu quarto. Depois de alguns dias, ela pega os vidros para admirar os desenhos que se formam no sangue coagulado, formas que aparecem e delimitam bonitos relevos. Ela tem armazenados cerca de duzentos vidros. "Depois que o sangue coagula", diz ela, "eu gosto de observar as formas que vão surgindo. Vão aparecendo uns relevos bonitos. Em cada seringa se forma um desenho diferente, às vezes parece um deserto, às vezes lembra um prédio no ponto mais alto".

Como uma espécie de consolo, Ágata sempre manteve uma relação forte com os animais. Ela sempre criou animais domésticos, como gatos, pássaros, peixes, cachorros e até *hamsters*, ao longo de sua infância e sua adolescência. À medida que esses animais morriam, ela os enterrava no jardim em torno da casa para construir um cemitério em torno do "castelo", onde se encontravam os esqueletos dos pequenos animais. Assim, os animais adquiriam, agora, uma grande importância.

Ao sair das sessões de psicanálise à noite (estas ainda se passam no hospital), Ágata não consegue retornar diretamente para o cemitério dos animais (sua casa) governado por sua mãe. Além disso, como já mencionei anteriormente, ela se habituou a alimentar os gatos do Vale do Anhangabaú, lugar escuro e perigoso no centro da cidade de São Paulo. Esses gatos, cegos, teriam sido abandonados, deixados sem alimento e doentes. Eles vivem na rua, na noite fria. Em vez de voltar diretamente ao cemitério para velar os animais mortos, Ágata agora cuida de animais vivos, embora fracos. Há um deslocamento da morte para a vida, ainda mais visto que os gatos do Anhangabaú a representam em sua solidão, suas necessidades e seu desamparo. Cada separação era vivenciada como um abandono. Cuidar dos gatos seria, com efeito, uma maneira de realizar um trabalho de luto.

No Egito Antigo, os gatos eram adorados como deuses protetores dos lares, das mães e das crianças. Já na Idade Média europeia, esses animais eram associados à imagem do diabo, à magia e às bruxas. Identificada a eles, Ágata vai ao Vale do Anhangabaú a fim de aplacar seus maus espíritos, tão angustiada e ameaçada se sente. Encontra ali um local rico em representações onde se sente acolhida e acompanhada, não obstante a ausência de pessoas. Contudo, é um lugar que encerra uma conotação sombria, ligada ao vazio e à solidão.

Mais tarde, Ágata substituirá essas visitas ao Vale do Anhangabaú por passagens no Parque do Ibirapuera. Ela troca os gatos por patos, que ela agora nutre em frente ao lago. Sentada à beira do lago, alimenta os patos com migalhas de pão e conversa com eles. Só após esse gesto que volta para casa. Ela conversa com os patos tentando compreender a relação entre eles. Comparadas às visitas ao Anhangabaú, a diferença é que agora são experiências diurnas. Além disso, os patos vivem em grupos, em geral acompanhados de filhotes e sem familiaridade com humanos. Já os gatos são solitários, aceitam acolhimento, mas podem de repente se assustar.

Um dia, Ágata observa a presença recorrente de um homem e fica com medo. Ela pensa que pode ser um "tarado" que vai lhe fazer mal. Ela para de ir ao parque. Parece ter se sentido intimidada pela presença do outro que a ameaça, apesar de isso ser um reflexo de seus próprios medos. Há um movimento de contenção, de inclusão e de expansão do espaço psíquico, mas as angústias persecutórias reaparecem com a presença do terceiro – um homem, mas, sobretudo, um predador sexual. Entretanto, a presença de um terceiro indica que há um destacamento em relação ao objeto. A percepção do terceiro faz toda a diferença quando este intervém na relação dual, criando uma separação. Apesar da presença do terceiro, a cena contém características fortemente projetivas em que o outro é ainda um esboço, ainda não é vivido como exterior, ainda não é dotado de vida própria.

Além dos animais que visita, em casa possui dois gatos, o Preto e o Mio. O Mio é muito carente e dorme com ela em sua cama. O Preto é arisco, é preciso um grande esforço para se aproximar dele, alimentá-lo e acariciá-lo. Quando está brava, Ágata diz que quer sumir do mundo e ir para o Pantanal, quer ficar junto dos jacarés, quer entrar na boca de um jacaré para que ele a mastigue e engula.

Quando Ágata tira seu sangue com a seringa, em geral depois de discutir com a mãe, sente-se aliviada. Porém, como chega a tirar o suficiente para encher uma pequena bacia, sente-se fraca e sem forças para ir trabalhar. O ato de tirar sangue é relatado com frequência. De fato, ele contém ambivalências: Ágata precisa tirar sangue para proteger a vida que existe dentro de si contra o ódio e a destrutividade. Mas, ao tirar o sangue, retira também vida, permanecendo esvaziada. As formas que vê no sangue coagulado vão tomando mais corpo e se enriquecendo na relação com os animais, que é carregada de conteúdo imaginário. Há, portanto, jogo associativo, tecido associativo ressonante.

O primeiro ano (2003): mudança na qualidade da relação terapêutica e apresentação dos objetos

Havíamos apenas iniciado o tratamento, em outubro de 2002, e tivemos de suspender as sessões dois meses mais tarde para o feriado do Natal e do Ano Novo. No início de 2003, começamos a análise, com frequência de duas sessões semanais. Ágata continua deprimida, diz que não gosta de ir ao hospital, que é muito sujo ali. Pede que eu não mais lhe estenda a mão, como faço ao término das entrevistas. Teria medo de se contaminar "com coisas minhas"? Tem fantasias de sujeira em toda parte, o que me parece projeção de seus objetos maus. Eu ouço suas queixas intermináveis e, quando lhe faço alguma pergunta, ela fica brava, diz que eu não a escuto e não a compreendo. Era preciso que eu suportasse toda a sujeira de Ágata – os ataques a mim – encontrando dentro de mim um lugar para ela e, dessa forma, ajudando-a a "costurar" os pedaços dentro de si que ela não era capaz de alinhar.

Naquele momento, eu estava às voltas com questões da formação analítica e refletia, a partir da minha experiência clínica, sobre o que poderia garantir o sucesso de um processo analítico: a capacidade de *rêverie* (Bion) do analista? Sua experiência clínica? Particularidades da mente do paciente? Pensava na capacidade de o analista amar o paciente, isto é, de conseguir suportar a maneira como cada paciente amava. Em relação ao trabalho com Ágata, perguntava a meu analista: como posso gostar dela? O que posso encontrar nela que seja gostável? O analista gosta da forma, ele me dizia, do modo como as transformações vão ocorrendo, e pode também gostar da psicanálise. Fui apanhada pela pergunta transferencial: este bebê será aceito ou abortado? Vou ter nojo e jogá-la na lixeira? Para trabalhar com Ágata, eu teria de aceitá-la, e aqui entrava o amor: é o amor que neutraliza o nojo que a mãe sente pelo bebê, o qual, de início, é uma coisa repulsiva.

As primeiras sessões são muito difíceis, pois Ágata rejeita qualquer ideia, palavra ou gesto que indique uma tentativa de me aproximar dela. A meu ver, tem medo do vínculo comigo e, por isso, o ataca veementemente. Há dificuldade para encontrar horários comuns, fato que ela interpreta como falta de disponibilidade minha para atendê-la. Diz que eu não quero ajudá-la, que não sirvo para ser psicóloga, que devia mudar de profissão. Com frequência, sai da sala de atendimento muito antes de terminar a sessão, deixando-me com sentimentos contratransferenciais de abandono e culpa. Eu entendia essas vivências de abandono e rejeição como anteriores à relação comigo, possíveis ressignificações de experiências mais antigas com as figuras parentais.

A mãe vai sendo revelada a mim como uma pessoa perturbada, obcecada por limpeza e responsável pela "depressão" de Ágata. A mãe tem em relação a Ágata uma espécie de rejeição psicótica, dado, entre outras coisas, o seu desejo de um filho homem (e não de uma filha). Ágata é, então, repugnante e deve ser jogada na lixeira, assim como a sua sexualidade. Isso remete à questão do início da análise: a mãe aborta a criança jogando-a na lixeira, sua comida é algo que lhe causa repulsa, donde a vivência de Ágata: "Eu sou um lixo, quero ser jogada em outro lugar".

Ágata reage à rejeição atacando a mãe, desejando envenená-la, porém repete esse modelo na análise e ao longo da vida. Tirar sangue talvez seja uma tentativa de elaborar sua história com a mãe, pois, agindo de maneira tão ambivalente – tira o sangue ruim, mas tira também vida de dentro de si –, Ágata faz arte com o próprio corpo, usando um recurso seu (o sangue) para transformar a rejeição materna em possibilidade de vida.

O aborto parece ter sido uma atuação do desejo da mãe: Ágata foi, ela também, abortada como filha pela mãe. E, retirando o sangue e o armazenando, ela parece objetivar seu corpo, principalmente nos momentos em que tenta encontrar formas no sangue coagulado. Neste momento, eu e objeto estão confundidos, não parece haver diferença entre interior/exterior, mãe/filha, carne/espírito. O corpo é objetivado por meio do sangue armazenado.

O pai é visto como tendo sempre descarregado nas duas filhas a raiva que sentia pela esposa (mãe de Ágata). Como ela, ele batia muito nas filhas. Ágata, certa vez, apanhou tanto que chegou a urinar na roupa de tanto medo. Apesar disso, diz que pode contar mais com o pai que com a mãe, pois o pai, sendo místico, adepto do espiritismo, dizia-lhe que o problema dela era o "carma" que carregava de vidas anteriores. Ao profetizar que Ágata sempre será louca e doente e afirmar que o que ela carrega são marcas de um cenário anterior, ele a aceita, oferece um sentido para as dificuldades dela, daí sua maior simpatia por ele.

Um ponto de virada (o fim do primeiro ano)

As sessões vão se passando ao longo de 2003 e são sempre muito difíceis as interrupções dos feriados. No primeiro deles, a Páscoa, Ágata corta a barriga com um estilete e telefona para sua psiquiatra, que a orienta a procurar o pronto-socorro do Hospital São Paulo. Sente-se acolhida, pois a psiquiatra vai encontrá-la no pronto-socorro, conversa e consegue convencê-la a tomar a sopa do hospital. A partir desse episódio, Ágata parece adquirir maior confiança na médica, com quem mantém consultas semanais no Ambulatório de Psicoterapia, conforme os termos da pesquisa de que participávamos.

Ágata: Você não acha, como as pessoas sempre acham, que eu estou fazendo frescura?

Eu: Não!

Curiosa e afetiva, olhando-me nos olhos:

Ágata: O que você acha de mim?

Meio desconcertada, digo algo que depois me pareceria um chavão psicanalítico:

Eu: Acho que há uma força destrutiva dentro de você que, muitas vezes, destrói suas conquistas.

Surpreendentemente, algo se passa ali, não sei o que é, tampouco sei se tem a ver com a minha interpretação. Ágata me parece aliviada, seu olhar se modifica, parece transmitir esperança. Noto que, a partir deste momento, há uma mudança na qualidade do vínculo que ela estabelece comigo. Ao longo das sessões, parece-me menos angustiada, mais amorosa e mais confiante em mim.

No final de 2003, Ágata é demitida do escritório de arquitetura em que trabalha até então, notícia que chega às vésperas do período de minhas férias. Ágata, deprimida, diz que viajará para uma casa da família na praia, quer ficar sozinha, fechada em casa, sem comer nem ver ninguém. Combinamos que ligaria para a psiquiatra caso necessitasse. Fico bastante preocupada por deixá-la nessas condições.

Segundo ano (2004): mudanças nos sintomas

Em 2004, o atendimento dos pacientes é transferido para o Centro Clínico de Pesquisa e Psicoterapia, num sobrado nas imediações do Hospital São Paulo. De volta das férias, Ágata conta que esteve deprimida, mas conseguiu limpar e arrumar a casa na praia. Alimentou-se pouco, diz que só comeu arroz. Desempregada, sente-se desiludida e com muita raiva. Diz que, ali comigo, se sente num lugar onde pode falar o que quiser, coisa que não acontece normalmente em sua vida. Diz que é "muito louca" e que não pode falar de suas loucuras a não ser comigo. Como exemplo, fala da vontade que tem de envenenar a mãe.

Sua médica, neste momento, havia decidido interná-la na enfermaria de psiquiatria do HSP. Eu não só achava que isso não era necessário, como queria preservar o enquadre psicanalítico – na época, eu também atendia nessa enfermaria –, pois havíamos demorado um ano construindo uma relação de confiança.

Ao procurar um novo emprego, Ágata é reprovada em muitas entrevistas. Cada reprovação provoca nela recordações da rejeição que sente ter sofrido por parte dos pais e também por parte da equipe de profissionais que a atendia antes de ela nos procurar. Felizmente, não demora a ser contratada por uma empresa de telefonia móvel. Ágata passa a trabalhar no Serviço de Atendimento ao Cliente (SAC) da empresa e parece menos aflita com o contato interpessoal, já que este era feito basicamente por telefone. No entanto, relacionar-se com as pessoas do trabalho é penoso e a faz dizer com frequência que quer morar sozinha numa ilha deserta. Apesar disso, avalio que Ágata melhorou muito depois de começar no novo emprego. É esse o motivo pelo qual discordo da psiquiatra quanto à necessidade de internação, que de fato não se realizou.

Ágata, ao mesmo tempo, inicia uma relação amorosa comigo que se marca por aspectos identificatórios. Por exemplo, passa a usar roupas discretas e de uma só cor. Diz que, se pudesse reformar o Centro Clínico, faria todas as salas se comunicando entre si, sem paredes. Além disso, começo a encontrá-la fora da sessão, pois nos meus intervalos ela aparece no café ou na lanchonete que eu costumava frequentar, dando a entender que se tratava de mera coincidência.

Ágata diz que não está mais tirando sangue e, em certa ocasião, doa seu sangue para um banco de sangue.

Passamos de duas para três sessões semanais, mas a terceira sessão não é muito bem aceita por Ágata, que parece vê-la com desconfiança e ambivalência. Reclama dos horários que eu lhe ofereço, a tal ponto que acabo por arrumar um horário de seu agrado, embora menos cômodo para mim.

As constantes e variadas queixas revelam que Ágata frequentemente assume a posição de alguém que é maltratada, que não possui nada, que não tem autonomia para escolher. Ocupa o lugar de objeto de desejo, vitimizada. É uma paciente da instituição, que lhe oferece achocolatado, lanche, vale-transporte. Ágata se põe no lugar da assistida, é passiva em relação ao próprio desejo.

Neste segundo ano da análise, há uma série de avanços e retrocessos no trabalho de construção de objetos – analista, psiquiatra, amigos, arquitetura – e de vivência do luto em relação a eles. O contato mais frequente comigo favorece a aproximação afetiva, mas implica também muito sofrimento nas minhas ausências. Há em Ágata o desejo manifesto de me carregar dentro dela. Como tentativa de conversar ou de manter as conversas iniciadas nas sessões, ela passa a escrever em seu caderno longos pensamentos e sentimentos e depois os lê nas sessões.

O que é também notável é a extensão das consequências da relação transferencial: é por meio da relação comigo – e dos movimentos de presença e ausência inerentes à dinâmica que a relação transferencial engendra – que Ágata pode reconstruir, ao longo do tempo, relações que estão além da sala de análise.

Parece que o emprego na empresa de telefonia teve o poder de abrir as portas para a vida, de permitir a Ágata sentir-se viva. As diversas relações estabelecidas ali dão sustentação à sua vida. Há o enamoramento por um colega de trabalho, Carlos, concomitante ao desligamento de Patrícia, sua psiquiatra, e à mudança para um novo médico, Ernesto, que faria seu acompanhamento psiquiátrico mesmo depois do término da pesquisa da Unifesp.

A troca de médicos está associada a um impasse no tratamento. Ágata se queixa constantemente da mudança de comportamento da psiquiatra Patrícia, que teria "virado a cabeça" e não lhe dá atenção. Há um descaso no acompanhamento, não está ajudando em nada, só atrapalha. Fico bastante preocupada, uma vez que, no contexto da pesquisa, o acompanhamento psiquiátrico era condição para o meu trabalho psicanalítico.

Percebo em mim uma intensa identificação com Ágata, a ponto de ter raiva da psiquiatra e cobrar dela mais atenção. Em seguida, dou-me conta de que ocorria um processo de cisão defensiva, no qual a paciente agora projeta aspectos bons na analista e maus na psiquiatra, enquanto havia ocorrido o contrário anteriormente, no início da análise, quando Ágata estabelecera um vínculo amoroso com a psiquiatra e persecutório comigo.

É importante salientar que manifestações depressivas de Ágata neste momento – desespero, culpa, dores pelo corpo – levam-me por três vezes a tomá-la pela mão e acompanhá-la ao pronto-socorro. Creio que era uma forma de prolongar a sessão comigo. Eu vou com ela até lá e a deixo aos cuidados dos profissionais de plantão.

Com o novo psiquiatra, Ernesto, Ágata ainda manifesta desconfiança e sentimentos ambivalentes. Parece querer mostrar o quanto a relação com a psiquiatra anterior havia sido importante, embora acuse Patrícia de negligência e a ache agressiva, impaciente: "Ela me diz 'Para de ser chata', e fala alto. Ela me maltrata". Só aos poucos Ágata pode fazer o luto dessa relação e estabelecer um bom vínculo com Ernesto. Os aspectos cindidos do eu (amorosos e persecutórios), antes projetados nas duas Patrícias, unificam-se em uma única, a analista, que passa a ser um só objeto, mais inteiro.

Certa vez, Ágata tenta compor com Ernesto e comigo um horário sequencial. Ela passaria primeiro pela consulta psiquiátrica e, em seguida, iria à sessão de análise. No entanto, não é possível realizar esse esquema, o que a deixa muito irritada. A tentativa de encadear os dois horários causa um conflito entre mim e o psiquiatra, pois me parece que a intenção era dar mais peso à consulta dele.

O assunto acaba por ser discutido no grupo de pesquisa do qual ambos participávamos. A elaboração no processo grupal permite descrever o movimento interno de Ágata: uma tentativa concreta de realizar a união analista-psiquiatra, mente-corpo, e projeção da raiva intensa que foi posta em ato pela dupla, pelo casal parental. A compreensão desse processo impediu o rompimento entre a analista e o psiquiatra, permitindo dar continuidade à análise.

Outro aspecto significativo de 2004 é a reaproximação, ainda que por pouco tempo, da arquitetura. Ágata é contratada para fazer o projeto de uma lanchonete; contudo, sentindo-se explorada e muito ameaçada – inclusive sexualmente – pelos homens com os quais tinha de tratar, acaba abandonando o serviço.

Volta a estudar, matriculando-se como ouvinte numa matéria de pós-graduação na Faculdade de Arquitetura e Urbanismo da Universidade de São Paulo, a mais prestigiosa escola brasileira nessa área. Estudar arquitetura moderna lhe traz muito ânimo e entusiasmo, e novamente aqui observo a importância que os objetos adquirem em sua organização e sua dinâmica mental: os professores muito inteligentes, mas muito loucos; o arquiteto Le Corbusier e seu papel na reconstrução das cidades europeias após a Segunda Guerra; a reorganização da vida da própria Ágata, em seguida ao grande abalo que sofreu ao se separar da psiquiatra Patrícia. Ágata frequenta as aulas até o final, mas não consegue escrever a monografia de conclusão de curso, não obtendo os créditos. Fica muito decepcionada, mas retoma suas atividades e volta a atenção para o trabalho no SAC da empresa de telefonia.

No segundo semestre, passamos a quatro sessões semanais, o que reforça o vínculo intenso e íntimo comigo. Ágata está trazendo assuntos ligados diretamente à genitalidade; fala de "tarados", de contato sexual com homens. Em uma sessão muito íntima, conta que sua "pererreca" está doente e que ela não encontra um médico que entenda qual é o problema. Parece tomada por um sentimento de solidão. Fala dos pais, diz que se sente rejeitada pela mãe, que a mãe a detesta, que não suporta nem o seu cheiro e acha que ela pode se tornar uma prostituta. Quanto ao pai, queixa-se de que ele não a ajuda. Digo a Ágata, nesse contexto, que esse bicho repulsivo e doente – a pererca – se parece com o modo como sua mãe vê o desejo sexual da filha. Como algo estragado e mal-amado.

Terceiro ano (2005): questões ao redor da minha formação psicanalítica na SBPSP e mudança no contrato terapêutico com Ágata

Iniciado o terceiro ano da análise, chama a atenção o fortalecimento do vínculo de Ágata com seu psiquiatra. Quando se sente desamparada por ele, volta a ter dores no corpo e se vê em risco de contrair uma doença grave. Resolve finalmente procurar um ginecologista. Suas consultas médicas foram sempre experiências muito angustiantes, pois, para ela, os médicos nunca a compreendiam, não respondiam às suas dúvidas e tampouco sabiam como tratá-la. Ela acabava comprando, por conta própria, algum remédio que achasse adequado ao seu problema (analgésicos, anti-inflamatórios, antibióticos, na época vendidos sem receita nas farmácias brasileiras).

Depois de um ultrassom transvaginal para extrair um pólipo que, segundo pensava, podia ser consequência de um vírus HPV, Ágata conta em sessão:

Ágata: Fui atendida por dois médicos, um residente japa [japonês] e o Dr. José Maria. Não gostei do atendimento, tiraram um pólipo de quatro centímetros. Eles iam me mostrando como tinha manchas e protuberâncias que não eram conclusivas, que precisavam ser acompanhadas, mas que eram coisas não contínuas, deformadas, não limpas, doentes. Os médicos viram que eu estou toda doente por dentro. E quem já teve HPV tem mais probabilidade de ter pólipo. O médico disse que HPV não tem cura, mas quando eu perguntei se ia poder ter filhos, ele respondeu que isso não tinha nada a ver. Que todas essas deformações podem ir se transformando numa coisa maior, que aí vira câncer e aí eu morro. O meu útero está doente. Saí da extração sangrando, mas o médico não deu a mínima, foi dizendo "vai, vai...".

Referindo-se ao médico residente, prossegue:

Ágata: Antes, na consulta com o "japa", eu fiquei contando como estava a minha vida, ele me perguntou sobre os meus projetos de vida, eu disse que queria arrumar um trabalho bom [está no SAC da empresa de telefonia], ter filhos, e ele respondeu que eu estava deprimida, que eu não podia ser assim. No dia seguinte, fiquei muito triste, e no outro também, e ontem nem fui trabalhar, fiquei em casa chorando, pensando em me matar. Não gostei da conversa com o médico, os médicos não gostam mesmo de atender os pacientes, atendem por obrigação.

Entendo que está trabalhando várias questões – sexualidade, maternidade, fertilidade, feminilidade – que, aqui, aparecem relacionadas e localizadas no corpo sob a forma do útero doente. Comento em seguida:

Eu: Para você, então, o mesmo órgão que pode te dar filhos pode também te levar à morte.

Ágata: Eu não vi o Osvaldo [seu namorado] todos esses dias, mas ele me telefona sempre e diz que quer me ver, que quer que eu vá dormir na casa dele, que eu sou linda, gostosa. Ele fica dizendo que é para eu deixar o cabelo crescer. ... Eu estou pensando em terminar com o Osvaldo.

Eu: Por quê?

Ágata: Porque ele só quer transar e eu não quero, não gosto disso, tenho medo, eu quero ficar sozinha quieta no meu canto, cuidando dos meus bichos, mas ele não entende. Não sei se eu quero casar com o Osvaldo, não gosto de lixo, sujeira, favela. As únicas coisas que eu gosto nele são os patos e as galinhas do lugar onde ele mora.

Eu: "Transar" significa que ele vai introduzir o "peru" duro dele dentro de você, e se o seu útero está deformado, doente, isso pode te preocupar.

De fato, o namorado Osvaldo parecia gostar muito de Ágata, pois lhe oferecia sempre pequenos presentes: chaveiros, camisetas e mesmo sapatos. Ele parecia, talvez por isso, ser um homem rico, mesmo que ele a levasse à casa dele, na periferia pobre de São Paulo, onde morava em uma casa muito modesta. Havia esgoto a céu aberto no terreno, o lugar era muito fedido. Por ali, galinhas e cachorros viviam soltos. Ágata reclama que esse homem quer apenas sexo com ela. Mas ela gosta dele, e continuam se vendo durante um tempo. Um dia, entretanto, Osvaldo revela a ela seus projetos: queria que se casassem e fossem morar num sítio no Nordeste do Brasil, onde ele tinha nascido. Diz que viveriam de plantar e criar animais para matar e comer. Apavorada, Ágata termina por não mais conseguir encontrar-se com Osvaldo.

A relação estabelecida com Osvaldo, embora esteja longe de ser de tipo objetal, esboça ao menos algum investimento libidinal num outro que não é um bicho. Osvaldo é mais próximo a ela. Na verdade, está no prolongamento dos bichos, sendo alguém no terreno da especularidade, na medida em que não há margem para uma articulação simbólica capaz de sustentar a alteridade no interior da relação. Se Ágata não consegue ver Osvaldo como sujeito, não há profundidade subjetiva, não há a maleabilidade que permita aprender como o outro se posiciona diante dela, o que o outro quer, como trocar com ele. Ágata não pode vê-lo como alguém que seja capaz de vê-la, isto é, ele tem vontade sem fantasia. Ele é apenas um corpo que quer o corpo dela para sexo.

Daí minha escolha da gíria *peru* – um animal – para designar o pênis de Osvaldo: um significante que permitisse a construção, em termos simbólicos, desse estrangeiro que era o namorado e que, ao mesmo tempo, contivesse um nível de concretude acessível a Ágata e pudesse desencadear nela uma vivência de elaboração. Sem excesso, mas sem familiarizar o campo. No entanto, em seguida, Ágata regride, dizendo que quer voltar a ficar com os gatos. Ela responde à interpretação dizendo que o problema é ter de "ficar mostrando uma coisa" que não é para as pessoas.

Eu: Mostrar para quem?

Ágata: Para os chefes no meu trabalho, para a Antônia [secretária do Centro Clínico].

Eu: Como assim, "para a Antônia"?

Ágata: Aqui, quando venho, eu tenho que sorrir, andar com a coluna reta, senão as pessoas vão me corrigir.

Eu: A Antônia faz isso?

Ágata: Não, não faz.

Eu: Aqui na terapia, você pode ser como é. Tem os gatos, mas tem o Osvaldo e eu também.

Esse momento do trabalho coincide com uma mudança de contrato que sou levada a lhe propor. O projeto de pesquisa da Unifesp caminhava para o fim e era preciso preparar a transição do atendimento de Ágata, o que começo a fazer com um ano de antecedência.

Ela vem comparecendo com certo ritmo às sessões, ausentando-se sempre a uma de suas quatro sessões por semana. Saiu da empresa de telefonia e finalmente conseguiu um emprego como arquiteta projetista numa loja de móveis. No entanto, seus horários se alteram com muita frequência. Três sessões são agendadas a cada semana, quase de um dia para o outro, o que me causa um grande transtorno. Às vezes, ela avisa com antecedência e encontramos outros horários. Muitas vezes, porém, ela simplesmente falta sem me avisar, deixando-me à sua espera no Centro Clínico. Percebo que isso vem me deixando muito irritada. Com os colegas do grupo de trabalho, chego a falar que me sinto escravizada e abusada.

Ágata vive uma situação diferente agora, três anos após o início da psicoterapia. Está trabalhando como arquiteta, ganha um salário bom para os seus padrões e mantém uma condição de vida bem mais organizada. Contudo, como paciente de uma pesquisa institucional, continua a receber tratamento gratuito, medicamentos e ajuda financeira para transporte e lanche. Parece-me que, agora, Ágata poderia se beneficiar muito mais de um atendimento em consultório privado, em que o modelo assistencialista da instituição daria lugar a uma situação em que a continuidade da análise seria uma escolha pela qual ela se responsabilizaria, pagando um valor simbólico pelas sessões. Fixo suas sessões em dois horários na semana, os únicos possíveis para nós duas.

Essa decisão é precedida de muitas conversas em supervisão (que eu iniciara pouco tempo antes) e no grupo de analistas da pesquisa. Entendemos que, naquele momento, o retorno ao atendimento particular poderia de fato ser de grande valor para o prosseguimento do trabalho com Ágata. Trata-se de ir ao encontro de soluções intrapsíquicas por meio da relação analítica, em que Ágata deixaria de ser objeto de pesquisa e passaria a poder escolher falar em análise. Decisão arriscada? Sem dúvida, mas apostávamos nos recursos que ela desenvolvera até ali, levando-a a uma condição em que as pulsões estavam emergindo fortemente.

Logo que começo a relatar suas sessões em supervisão, Ágata me conta o seguinte sonho:

Ágata: Eu estou numa casa velha, cheia de portas velhas, janelas velhas, insetos, baratas e aranhas e sujeira [o Centro Clínico?]. Nessa casa, tem um homem mais velho, grisalho, e alguns homens mais velhos falando, contando sobre uma criança que está sendo sequestrada.

Pergunto-lhe o que achou do sonho e ela diz:

Ágata: Acho que é para eu ir embora mesmo, chega uma hora que a gente tem de largar a casa velha, tem de ir embora.

Quarto ano (2006, ainda no Centro Clínico): de objeto a sujeito – a escolha

O novo contrato provoca uma série de reações em Ágata. O fato de eu ter introduzido a questão do pagamento – eu estabeleço algo que ela me dará além dela – certamente desencadeia um trabalho interno de construção do estrangeiro, ou seja, abre a possibilidade de criação, no plano intersubjetivo, de um campo de trocas – de dar e receber – para si e para o outro.

Ágata começa a faltar muito em seus dois horários. Ela está desistindo. Os conflitos na relação com o namorado acentuam-se. Nesta fase, fala de Osvaldo como se ele fosse rico, embora ele continuasse a morar na periferia pobre da cidade. Refere-se com frequência aos presentes que recebe dele e se pergunta se o que ele quer em troca é sexo, casamento e filhos. Narra, então, dois sonhos em sequência:

Primeiro sonho: Sonhei que estava passando uma máquina trituradora em cima de mim, vinha de algum lugar, não sei de onde, e ia me estraçalhar.

Segundo sonho: Depois, eu sonhei que estava no banheiro e o banheiro não tinha paredes nem porta, eu estava fazendo cocô e ficava um monte de gente entrando e saindo, me vendo fazer cocô, todo mundo ouvia todo mundo, era uma bagunça!

Em seguida, associa com a casa de sua infância, onde só havia um banheiro que todos usavam juntos. Ela está me comunicando, possivelmente, uma vivência de que algo muito íntimo – os seus produtos psíquicos, figurados aqui como fezes – está sendo olhado pelas pessoas com grande promiscuidade. Isso talvez se referisse à vida psíquica dela como objeto da pesquisa realizada por uma equipe. Por outro lado, o projeto que combinamos – ela sairia da instituição e, portanto, da pesquisa, passando a ser atendida em meu consultório – parece sobrecarregá-la, talvez como algo capaz de estraçalhá-la. Assim, de um lado, a promiscuidade está simbolizada no sonho, de outro, parece viver a saída da pesquisa como uma situação que vai além do que ela pode dar conta psiquicamente, algo assustador, pois implica poder dizer sim ou não (conteúdo anal do sonho).

Ao conversar com os analistas da pesquisa sobre esse processo, o grupo teve a impressão de que era eu quem estava desistindo de Ágata – talvez tivesse chegado a um ponto de saturação a partir do qual já não seria possível continuar. Ouvindo essa leitura do grupo, fui tomada por uma sensação de estranhamento, de perplexidade, pois jamais tivera em mente a ideia de desistência ao propor a mudança de contrato. Desde o início do trabalho, ambas sabíamos que a pesquisa terminaria depois de certo tempo e que, então, o contrato teria de ser revisto.

Ágata volta a se queixar de dores no corpo e de que seu útero está "se estragando". Nesse período, submete-se a uma pequena intervenção cirúrgica para retirada de um câncer de pele benigno no nariz. Uma pequena parte deste, a aba direita, tem de ser reconstruída (a família arca com os custos, pois o convênio não cobre esse tipo de cirurgia). Além disso, Ágata abandona o emprego como arquiteta na loja de móveis, voltando a trabalhar em *telemarketing* e a receber um salário que, segundo ela, não cobre seus gastos.

Em sua fala, aparece a vontade de morrer, mas eu não sinto que esteja deprimida nem que tentaria o suicídio. Essas atuações me comunicam um ataque à terapia e ao *setting*, bem como uma resistência ao progresso. Ágata diz que gostaria de passar a ser atendida em meu consultório particular, mas não teria como arcar com os custos. Ao mesmo tempo, gasta seu salário indiscriminadamente – compra roupas, sapatos, adereços de cabelo, bugigangas eletrônicas, sempre coisas baratas –, a ponto de se endividar com o banco.

Mantenho minha postura quanto à mudança de contrato, dando a ela tempo para elaborar a ideia, para se organizar, enfim, para pôr em prática a decisão. Suas atuações continuam: a mim, Ágata diz que aceita a ideia de deixar a instituição, mas aos outros profissionais da pesquisa diz que não tem dinheiro, que não pode deixar o Centro Clínico. Eu me sentia confusa e culpada e pensava se nós duas havíamos tomado a decisão adequada.

E volta a lixeira

Certo dia, depois de sucessivas sessões em que chega com atraso, Ágata entra (atrasada) na sala trazendo na mão o achocolatado que recebia como parte do lanche da pesquisa e diz:

Ágata: Eu sou sempre atropelada, ninguém me entende, os médicos me deixam na mão!

Eu: É, a realidade é difícil mesmo.

Ela atira o achocolatado na lixeira da sala com toda a força. Ela está muito brava.

Eu: Você fica brava comigo por as coisas serem como são.

Ágata termina a sessão dando a entender que se mataria. Eu não digo nada. Estaria ela me comunicando que queria deixar o lugar de objeto da pesquisa (o achocolatado representando a pesquisa, o assistencialismo)? Seu tempo como objeto da pesquisa estaria terminando?

Em outra sessão, Ágata, deprimida, consegue verbalizar que, embora quisesse ir para o meu consultório, naquele momento estava sem dinheiro, cheia de dívidas, e que mais para frente talvez pudesse pagar.

Eu: Você está me pedindo para esperar mais um pouco?

Ágata: Estou. Até dezembro.

Com essa fala, ela me propõe algo que deseja, não é mais cobaia de pesquisa. Talvez este tenha sido mais um momento de virada no processo analítico.

Eu tinha o desejo claro de que ela viesse para o consultório e, de alguma forma, esse desejo exercia um peso em minha vida psíquica, a ponto de borrar minha escuta. O trabalho emperra. Eu estou diante de um ponto cego: a ida para o consultório se mistura com o meu desejo de me tornar analista, e essa mistura possivelmente se torna um sintoma transferencial e contratransferencial. Eu me sinto muito pressionada e ameaçada. A instituição, como uma mãe ciumenta e brava, penetra de forma violenta o meu trabalho, fazendo força para reter o seu bebê, para mantê-lo ligado a ela.

Por outro lado, observo uma surpreendente mudança de qualidade no plano do objeto interno, como ilustra a sessão a seguir, ocorrida depois de Ágata ter a confirmação do câncer de pele benigno no nariz. Ela vem à sessão com sombra azul nos olhos, o que nunca havia feito. Relatando a consulta com o patologista, à qual compareceu acompanhada da mãe, conta:

Ágata: Se precisar de enxerto, ele vai tirar do bigode ou de trás da orelha. Eu vou ficar toda cortada!

O médico lhe perguntou se usava drogas e queria saber por que fazia tratamento para depressão, mas ela não respondeu.

Ágata: Eu fiquei nervosa à noite e tive que tomar remédio para dormir.

Logo em seguida, animada e feliz, conta sobre uma festa a que foi no sábado, na casa de uma colega de trabalho na Vila Brasilândia:

Ágata: Eu comi, bebi, dancei, fiquei fazendo carinho na cachorrinha da dona da casa. Foram os meus amigos do trabalho, foi o Jimmy [mostra fotos dele no celular], eu já te falei dele, eu acho ele superbonito [em tom adolescente].

Eu: É bonito mesmo, tem o cabelo arrepiado.

Ágata: É, mas ele só tem 20 anos! [ela está com 36 anos].

Eu: Qual o problema da idade?

Ágata mostra outra foto.

Eu: É um homão!

Neste momento, sou uma mãe que a incentiva, assumo a função de legitimar seu desejo pelos homens.

Ágata: Na festa, nós fizemos várias brincadeiras, eu dei "selinho" em vários caras e também recebi vários "selinhos".

Eu: Você estava com tudo, hein?

Ágata: Uma hora eu fui dar um "selinho" no Jimmy e a gente acabou dando um beijo de língua. Acho que algumas meninas ficaram com inveja, porque só eu beijei o Jimmy. Eu dancei lambada com o Jimmy, ele estava meio bêbado, quase me derrubava. Uma amiga minha passou mal de tanto beber e eu ajudei a cuidar dela. E teve briga porque um dos meninos fez xixi na parede da casa. Algumas pessoas estavam escandalizadas, mas eu não, eu estava achando ótimo.

Falando sempre com entusiasmo, ela prossegue:

Ágata: Fui embora às cinco da manhã, com o Jimmy e mais outro amigo que parecia interessado em mim, fiquei surpresa! No ônibus, sentei no meio dos dois e eles me abraçaram. Depois, em pé, os dois fizeram sanduíche em mim, um na frente e outro atrás, e esse meu outro amigo deu a ideia de a gente ir para o motel um dia, os três. Quando ele desceu do ônibus e eu fiquei sozinha com o Jimmy, ele me deu uma mordida no pescoço [mostra uma marca roxa disfarçada com base]. Algumas meninas ficaram escandalizadas porque eu beijei homem e mulher, as pessoas pensam que eu sou angelical, mas... [rindo].

Eu: Você está arriscando viver outras experiências, de prazer, de beijar homem e mulher, fazer "sanduíche".

Ágata: Arriscando?

Eu: Sim, experimentando.

No final da sessão, começa a me mostrar carimbinhos da Hello Kitty, a gata de desenho animado que usa um lacinho cor de rosa no cabelo, e diz que carimba essas figuras nos papéis do trabalho.

Eu: Essa é a sua marca?

Ágata: É. Quando eu carimbo, todo mundo diz que é bonitinho e fofinho.

Em torno da proposta de atendimento no consultório, percebem-se mudanças importantes. Ágata me quer. Ao mesmo tempo, sair da posição de objeto de pesquisa implica vencer uma série de resistências. É muito arriscado. Na festa narrada, ela se mostrou dona de si, conseguiu se integrar com todos, achou tudo prazeroso, dançou, bebeu, cuidou da amiga que se sentia mal etc. Na festa, estava aproveitando, mas tinha certa candura. Estava descobrindo, gostando, parecia que ia tirando da bolsa os apetrechos femininos. No final da sessão, com bichinhos e carimbinhos que fazem sucesso entre meninas, houve uma regressão e a emergência de significantes arcaicos. É possível que ali começasse a aparecer algo que ela precisava viver.

Em meu consultório

A vinda de Ágata para meu consultório é um processo muito difícil e trabalhoso. Ela ameaça várias vezes não vir. Para dar conta disso, precisa trabalhar muito em análise, e por isso a mudança de lugar foi também muito significativa.

Na primeira sessão, Ágata chega "de mala e cuia". Entra na minha sala carregando dois pacotes, um bem grande e um médio. Senta-se na poltrona e diz:

Ágata: Meus horários no trabalho mudaram de novo, hoje eu saí mais cedo e comprei essa gaiola para o meu ratinho [um *hamster*]. Ele está muito gordo, quase não cabe na gaiola dele, que tem uma roda, mas o corpo dele ocupa a roda inteira.

Ao ouvi-la, penso na construção do objeto: a instituição é uma casa onde ela não conseguia mais se mexer. Ela cresceu, engordou.

Ágata: Então comprei esta aqui [mostra a gaiola nova].

Suponho que a mudança esteja sendo vivida com muita esperança e com pavor equivalente. As sacolas que trouxe seriam talvez como escudos para ela?

Ágata: Tem uma roda para ele dormir, aqui é o lugar para pôr ração, aqui água, aqui estas rampas para ele andar e aqui a roda. Eu fico com pena dele com tão pouco espaço na gaiola velha. Aqui [mostra a outra sacola] é ração para o gato. Ele não está bem, estourou a bolinha no intestino, agora do outro lado. Não posso dar qualquer ração para ele, né, mesmo essa sendo mais cara [gato e rato também somos nós duas, penso]. Comprei também várias camisetinhas bem baratinhas, vou começar a usar para vir aqui [estreou roupa nova ao vir pela primeira vez ao consultório – baratinhas, para se sentir mais à vontade]. Essa porta tem 60 centímetros? [penso que também ela é um bichinho, vai cheirando a sala, e, à medida que fala do lugar, este se torna menos ameaçador]. Não sei, fiquei meio triste hoje quando vinha para cá.

Eu: É uma mudança, não? Você ainda não conhecia aqui, agora está conhecendo. ...

Ágata: Fui na médica do ambulatório para ela olhar minha garganta, minhas amígdalas estão sempre inflamadas, eu olho minha garganta no espelho e está cheia de bolinha branca, eu tiro, ou às vezes elas saem sozinhas, elas têm um cheiro muito ruim. A médica disse que é resto de comida, aí eu peguei o alicate de unha e cutuquei lá dentro da garganta e saiu uma bola enorme. Machucou a garganta, mas a bola saiu.

A experiência de mudança parece estar sendo vivida com ambivalência: esperança, mas também terror, medo, ameaça.

Eu: Não é pus?

Ágata: Eu achava que sim, mas a médica disse que é resto de comida. Comprei esta sacola, foi bem barata, até fiquei procurando para ver onde estava o defeito, mas não achei nenhum. Sabe né, se o milagre é muito, o santo desconfia. Eu desvalorizo as coisas muito baratas.

Penso no contrato que farei com ela, se não seria melhor aumentar o valor da sessão, que era mínimo até então, apenas simbólico.

Ágata: Eu queria mudar de casa, acho que quando o meu gato morrer vou mudar de casa. Agora não, porque preciso cuidar dele, ele precisa de mim, mas quando ele morrer, pensei em mudar para um apartamento com quarto e banheiro no edifício Copan. Eu moraria sozinha com o meu ratinho.

Creio que durante muito tempo foi importante para Ágata ser atendida na instituição, ao mesmo tempo que era assistida. Contudo, suas falas nessa sessão parecem confirmar que a mudança agora é necessária. Ela também quer achar seu lugar (no edifício Copan), mas isso ocorrerá futuramente. Por enquanto, ainda tem trabalho analítico a fazer, tem de cuidar do gato que está morrendo – vivência de luto pelo objeto. Os objetos têm de ser deixados para trás para que venha o novo.

Ao vir para o consultório, Ágata sustenta o que nela existe como desejo de transformar a vida. Está numa posição nova, não é mais a assistida – vem porque quer. Ao vir, quer realizar coisas. Tem fantasias, sonhos e projetos a partir de uma posição subjetiva. Ela foi uma paciente psiquiátrica, no limite da psicose. Costumava se cortar, tirava o próprio sangue, exigindo um grande suporte da equipe que a atendia. Embora tenha contado nesta sessão que havia enfiado um alicate de unha na garganta, eu não deixo de pensar que Ágata de algum modo era outra. Agora, apesar "de um escorregão ou outro", as pulsões aparecem mais ligadas às palavras, em forma de fantasias.

É o que penso também quando ela me conta algum tempo depois:

Ágata: Fui visitar minha irmã, fui de tarde, e aí caiu uma tempestade. Começou a molhar o apartamento todo, nós corremos para fechar as janelas e eu puxei uma cortina, e a cortina despencou. Tinha também uma amiga da Ana [a sobrinha de 7 anos], a Paula, que é muito mimada. Elas se conhecem desde os seis meses de idade, mas eu acho que essa menina é sapatona! Nas brincadeiras, ela sempre quer ser o homem e fala que não quer casar, quer ir morar com a Ana.

Eu: Como será isso de duas mulheres amigas que se gostam, que querem ficar juntas... Será que necessariamente são sapatonas?

Ágata: Pode ser que não, né?

O jogo identificatório comigo continua. Existe em Ágata, ao mesmo tempo, o temor de não conseguir sustentar, de não dar conta de todas essas vivências, sendo inundada pelo desejo. De repente, tudo pode despencar, como a cortina do apartamento da irmã. Ágata é tomada por intensa angústia relacionada à erotização que emerge na relação analítica. Minha fala foi como um toque interpretativo que atingiu sua fantasia e, simultaneamente, reafirmou o trabalho do recalcamento como uma espécie de véu em que a pulsão pode se amarrar, protegendo-a da impetuosidade do desejo.

No início da análise, em suma, Ágata estava muito fragilizada, necessitando de tudo o que o modelo assistencialista de atendimento pudesse lhe proporcionar. As condições oferecidas pela pesquisa da Unifesp representaram um suporte imprescindível para que ela construísse uma base sobre a qual seria possível caminhar. De agora em diante, seria necessário oferecer-lhe outro lugar, como continuidade do extenso trabalho que ela ainda teria pela frente.

Quinto ano (2007): inúmeros manejos

Ágata vinha muito descontente com o emprego em *telemarketing* e, finalmente demitida, diz que pretende se sustentar por quatro meses com o seguro-desemprego a que tem direito. Enquanto isso, procuraria outro emprego, mas como arquiteta – não quer trabalhar em *telemarketing* nunca mais. É um período de flutuações, com momentos em que se mostra mais segura de si, ciente de seus desejos, disposta a realizar seus planos, comprometendo-se mais como pessoa nas situações vividas, e momentos em que retoma o papel de assistida.

Quando recebe o convite para trabalhar na reforma de um motel com uma amiga arquiteta, por exemplo, faz os desenhos, tem ideias, conversa sobre os orçamentos da obra. Em paralelo a esse resgate de sua vida profissional, estranhamente, para minha surpresa, também a vejo se empenhar em outro projeto: inscrever-se para participar da nova edição do *reality show* Big Brother. Por outro lado, nos momentos em que regride para uma posição indiscriminada, de paciente assistida, Ágata traz várias vezes a falta de dinheiro, as dívidas com o banco, os juros altíssimos que tem de pagar etc., e são constantes as reclamações por não conseguir trabalhar como arquiteta, não conseguir ganhar dinheiro, "não dar certo na vida". Nessas circunstâncias, tenho dificuldade para descolar minha escuta de seus empreendimentos concretos, da ação factual que permeia sua fala:

Ágata: Não tenho com quem contar, sou sozinha mesmo, só tenho você e o psiquiatra, mas é muito pouco, preciso conversar mais.

Eu: Já sugeri que você viesse mais uma vez na semana.

Ágata: Não tenho dinheiro, é muito gasto com condução, estou economizando até para comer.

Eu: Na quarta-feira da semana passada, eu propus um horário para reposição da sessão do feriado, mas você não quis.

Ágata: É, se você não trabalhou na quinta-feira, então passou todos os seus pacientes para quarta, não ia ter horário para mim.

Eu: Se ofereci, é porque teria.

Ágata: Sei que você deve tratar os pacientes de maneira diferente, acho que você nunca teve um paciente na situação em que eu estou.

Eu: Você acha que os meus pacientes são todos ricos, que todos estão bem, em boa situação. Se fosse assim, não estariam em análise.

Ágata: Eu acho isso mesmo. Você viu minhas unhas?

Em outra sessão:

Ágata: Fui trabalhar na reforma do motel, fiquei resolvendo um monte de coisa com os pintores, as cores das tintas, os pintores ficavam pedindo dinheiro, liguei para minha amiga. Revolvi as coisas com o pintor, ele perguntou se eu fazia e assinava projetos, eu disse que desenhava, mas assinar ainda não porque o meu CREA [registro profissional obrigatório] está desatualizado.

Eu: Pois vai logo fazer esse registro!

Essa situação de ocupar o lugar da assistida, de se colocar "bobinha" no mundo, pareceu-me inicialmente uma defesa, algo como uma casca, uma neutralização maciça de si, como se a vida estivesse em dívida com ela. No entanto, *nas minhas duas falas assinaladas em itálico*, respondo de um lugar paternalista, encarnando o espírito da instituição. Em outros termos, a situação de paciente assistida se instala na transferência, levando-me a responder, contratransferencialmente, do lugar de assistente social. No momento que vou "buscar" Ágata na regressão, por meio da minha escuta, eu me torno assistencialista.

Há uma sessão em que Ágata, depois de uma discussão ao telefone com o pai, chega péssima ao consultório, chorando, dizendo que havia tomado vários remédios para não acordar mais, perguntando se eu achava que ela deveria procurar o hospital, dizendo que não viria mais, que todas as esperanças haviam acabado, que seu pai havia morrido para ela. Em sessões anteriores, ela se mostrara muito animada com a ideia de se candidatar ao Big Brother 2008. Agora, diz que a fita que gravou para o programa não tinha dado certo. Digo-lhe que ela ainda está dentro do prazo, que poderia fazer outra fita. Ela ignora o comentário e, sempre chorando, diz que vai voltar a tirar sangue. Terminada a sessão, diz novamente que não virá mais, que não tem dinheiro, que essa foi a última vez.

Falta, então, a duas sessões, sem avisar. Fico preocupada, mas espero. Recebo uma mensagem dela pela secretária eletrônica, dizendo que gostaria de vir à sessão para "acertarmos as coisas". Ela vem, está feliz, diz que conseguiu fazer a inscrição para o BBB e que a análise podia continuar como estava, com duas sessões por semana.

Minha reação é de alívio e perplexidade. Vejo novamente a instituição interferindo na transferência e condicionando minha escuta, mas agora, como imperceptivelmente me dou conta, a instituição era o "relatório para a SBPSP", como antes havia sido a pesquisa da Unifesp. Fico contaminada pelo lugar institucional da paciente, o que me impede de ouvi-la como analisanda. As falas – tanto as de Ágata como as minhas – derrapam, viciosamente, para a coisa concreta, barrando o jogo do desejo.

Contudo, escuto também personagens e histórias em que as pulsões podem existir de uma forma ligada em sua vida psíquica:

Ágata: Eu terminei o livro da Bruna Surfistinha em que ela conta a história dela. Ela só podia ter tido essa história mesmo.

Eu: Qual história?

Ágata: Ser garota de programa. Acho que ela tinha muita libido, uma libido muito solta, estudou em colégios ótimos, mas levou uma surra do pai quando vendeu as coisas de casa para comprar drogas. O pai quis internar a Bruna na Febem [instituição governamental para menores delinquentes], mas a Febem não aceitou. Então ela fugiu de casa só com uma mochila, deixou todas as roupas boas e foi trabalhar "numa boa" numa casa noturna, e ela sempre gostou muito de conversar com os clientes, de ouvir os caras, de dar conselho pra eles, e hoje ela quer ser psicóloga.

Toda a excitação aparece ligada às imagens, à fantasia. Por meio da fala, a pulsão é canalizada, toma forma. Parece que alguma elaboração vai ocorrendo:

Ágata: Minha irmã só come, só gasta, os armários dela são todos muito desarrumados. Ela precisa fazer terapia, indicaram uma lacaniana e ela queria que a terapeuta fosse até a casa dela, pediu para ela ir lá.

Eu: Há uma inversão: a terapeuta vai a ela, mas ela é que precisa querer ir.

Registro que Ágata costumava reclamar das dificuldades que enfrentava para vir à análise – era muito longe, demorava muito, um sofrimento –, e mais de uma vez eu havia comentado sobre a impossibilidade de desfazer esse problema, a menos que eu me mudasse para Santo André ou que ela se mudasse para perto de mim. Depois do meu comentário sobre a inversão, Ágata diz que a irmã não gostou da terapeuta, que esta fica em silêncio, que "fica amarrotando o tapete da sala, só olha e não fala nada". Conclui que a irmã quer outra terapeuta e que devia vir falar comigo. E, pensativa, diz:

Ágata: Expliquei para minha irmã que, na minha análise, eu também fico olhando para o tapete, fico achando que está torto, mas é assim mesmo, vai demorar um tempo até ela entender as coisas que a terapeuta diz, às vezes a terapeuta tem que repetir várias vezes e só então a gente entende, as coisas levam um tempo.

Neste momento, ao que parece, há uma virada. Ágata pode se apropriar de seu desejo, pode ser ativa em relação à própria angústia, entende que pode mudar as situações. No *après-coup*, ela se dá conta do que eu falo, revelando que o processo de análise está ocorrendo o tempo todo. Ágata pode sustentar sua análise (na fala para a irmã), e isso é fundamental para que eu seja sua analista.

A supervisão teve aqui uma função crucial. Muitas vezes, eu havia ficado presa, sem me dar conta, a um ponto de vista assistencialista. A busca do outro (o supervisor) para falar da análise de Ágata me ajudou a livrar minha escuta do peso factual que a sobrecarregava.

Epílogo: o que jogar na lixeira

No dia do primeiro pagamento, Ágata inicia a sessão contando que acabara de comprar uma capa nova para o colchão de sua cama. Desde a época em que tirava sangue, seu colchão estava todo manchado. Ela precisou, então, comprar uma nova capa. Mostrando a embalagem de papelão, pergunta:

Ágata: Posso jogar o papelão na sua lixeira?

Eu: Pode, por que não?

Ágata pensa que minha lixeira é muito pequena para que haja lugar para jogar a embalagem inteira. Ela passa a sessão rasgando o papelão em pequenos pedaços enquanto me conta que não estava mais tirando sangue. Ela sublinha que essa foi uma grande mudança.

Ágata: Meu colchão está todo sujo de sangue, da época em que eu tirava sangue. Eu não sabia tirar direito [conta com certo prazer], espirrava sangue na cama porque eu não desamarrava a borracha do braço. Por isso comprei essa capa.

Eu: Você está em outra agora, deixou essas coisas para trás.

Ágata: Estou jogando tudo fora, todos os diários que eu escrevia, acho que é para quando eu mudar de casa não ter que levar tudo isso, é muito triste tudo o que eu passei.

Eu: Agora você está em outro momento.

Ágata: Mas eu sou muito primitiva.

Eu: Primitiva? Como assim?

Ágata: Porque as coisas na minha vida não andam para a frente, estou empacada, não consigo arrumar um bom emprego.

A sessão prossegue, e Ágata diz que está sem dinheiro, que tem medo de que eu a abandone num hospital, como fez a equipe que cuidara dela anteriormente. Falo que o apoio da instituição foi muito importante, mas que agora é outra época. Ela continua a rasgar o papelão e, ao término da sessão, joga os pequenos pedacinhos na minha lixeira. Há agora espaço suficiente para que ela jogue sua sujeira na minha lixeira.

Talvez a pergunta seja se há lugar na lixeira para todas as coisas nojentas e sofridas vividas por ela. Sair do Centro Clínico não foi tão simples, Ágata carrega dentro de si coisas que ainda não mudaram. O papel picado alude também a fragmentações, a deteriorações em seu corpo (estaria aí o "primitivo" a que ela se referiu?). Será que estou disposta a recolher essa sujeira? Posso permitir que Ágata suje o meu consultório? As coisas deterioradas são demais se surgirem inteiras, mas, em pedacinhos, eu posso acolher e isso pode ser processado. Rasgado em pedacinhos, o papelão cabe na lixeira.

A *última sessão (junho de 2008)*

Após ter se ausentado muitas vezes, Ágata finalmente vem à sessão. Eu não consigo esconder meu descontentamento e minha preocupação em relação ao andamento de sua análise. Então, ela diz:

Ágata: Eu não quero mais vir às sessões, eu me sinto bem, tenho meu trabalho, minha vida continua.

Eu: [admirada] Mas... como você vai fazer sem a sua análise?

Ágata: [após refletir um pouco] Mas já faz algum tempo que eu não venho aqui, não é? E eu estou bem, não? Eu continuo minha vida, não? Então, não preciso mais vir, eu acho.

Depois dessa fala, não tenho nada a fazer a não ser estar de acordo.

Durante esses cinco anos de psicanálise, não encontrei em minhas notas nem em minha memória algo que eu tenha dito ou feito que possua uma ligação direta com as mudanças pelas quais Ágata passou. Assim, pensei que, para além de uma simples medida de urgência ou terapêutica, seu tratamento atingiu dimensões maiores sobre as quais não pude encontrar uma compreensão senão *a posteriori*.

O après-coup

Após três anos sem que tivéssemos notícias de Ágata, fui procurada por Mauro, estudante de psiquiatria, que, muito preocupado, contou algo sobre ela.

Mauro conduzia uma pesquisa biológica em que comparava ressonâncias magnéticas de pacientes esquizofrênicos com as de pacientes *borderline*. Para isso, ele precisava entrar em contato com os antigos pacientes do Amborder (ambulatório de tratamento para pacientes com transtorno de personalidade), entre eles Ágata. Entretanto, contou ele que não conseguiu falar com ela, pois ela não respondeu às ligações dele. Ele foi levado, então, a falar com a mãe de Ágata. Esta, ao telefone, teve a ocasião de fazer um longo discurso sobre Ágata e terminou por dizer que estava preocupada e com medo, pois Ágata dizia que queria envenená-la. "Você vê, Patricia?!", disse Mauro, "E você tem certeza de que ela está bem?".

Fui invadida por um sentimento ambivalente. Em seguida, entretanto, fiquei aliviada pelo pensamento que me veio em mente. Ágata havia colocado a mãe no lugar de um objeto que deveria ser envenenado. Seria talvez uma maneira de se proteger da mãe, de não se deixar invadir pelos desejos destrutivos da mãe, de tomar distância dela. Eu não podia me impedir de pensar que, após cinco anos de tratamento psicanalítico, isso significava talvez uma grande mudança, embora pequena. Ágata vivia agora sozinha com sua mãe, mas talvez tivesse conseguido descolar-se um pouco desta a ponto de estar em medida de trabalhar e de conduzir sua vida. Talvez tenha havido uma modificação da mãe como objeto, uma construção de objeto. Ou uma desconstrução. Ou um deslocamento. Nunca se saberá ao certo. Mas é justamente isso que nos levou a continuar a pensar neste processo analítico durante todos os anos que se seguiram, o que resultou neste livro.

2. Diagnóstico, sintoma de uma época?

Construído em torno da questão "O que é o *borderline*?", este capítulo tem menos o objetivo de fornecer uma resposta que o de levar a um questionamento em torno do diagnóstico, sublinhando seu caráter polissêmico e sua relação direta com uma época e um contexto determinados. Para tanto, iremos, num primeiro momento, discutir as múltiplas concepções, tanto no campo da psicanálise como no campo da psiquiatria, as quais se modificaram durante um certo período. Em seguida, tentaremos encontrar nossas fontes onde o plano médico e o psicopatológico se unem, mesclam-se e confundem-se com o plano literário. Tentaremos estabelecer uma relação entre o romance *Histoire sans nom*, de Barbey d'Aurevilly, que data do fim do século XIX; as hemorragias provocadas propostas pelo médico Jean Bernard no fim dos anos 1980; e aquilo que evocam atualmente os transtornos de identificação e as patologias narcisistas – as organizações de personalidade *borderline* ou casos-limite.

A construção histórica do conceito: entre psicanálise e psiquiatria

Cada vez mais, na clínica atual, psicanalistas e psiquiatras encontram uma grande quantidade daquilo que eles designam por um "novo tipo de paciente": são pessoas que procuram tratamento com queixas profundas, sentimento de vazio, de falta de amor e de afeto, sentimentos de perda do eu. Eles se queixam de falta de adaptação crônica, ainda que se mantenham bem apoiados na realidade. Embora sejam, muitas vezes, bem "urbanizados" – vivam quase sempre em centros urbanos – e mesmo tendo toda a sofisticação em termos profissionais – são engenheiros, arquitetos ou juristas –, eles não têm família ou laços sociais fortes, não se desenvolvem em sua profissão, exercendo muitas vezes outro trabalho muito aquém de suas capacidades, daquele para os quais se formaram. Sentem-se, assim, os "errantes da modernidade".

Em um número da *Nouvelle Revue de Psychanalyse* dos anos 1970 dedicado aos limites do analisável, em que encontramos várias traduções de textos de psicanalistas da escola inglesa (Ferenczi, Fairbairn, Winnicott, Hanna Segal e Anna Freud, entre outros), Pontalis (1974a) se questiona sobre a existência de pacientes diferentes das histéricas de Freud – os casos-limite: formas mistas nas quais, sob uma fachada neurótica, se revela a intensa atividade projetiva do esquizoparanoide, ou uma fragilidade narcisista tal que o único recurso é a dissociação entre a psique e o soma, ou ainda, aquilo que Freud (1924/1992) já identificara como "alterações do eu" que caracterizam um tipo de loucura sem delírio. Pontalis (1974a) prossegue afirmando que, após Freud, a nosografia, a teoria e a técnica sempre estiveram ligadas e se modificaram em função umas das outras, pois sempre tivemos a necessidade de criar um espaço para que o objeto psicanalítico se constitua e para que a psicanálise avance.

Diante da frequente constatação – estamos em 1974! – de que os pacientes não são mais os mesmos da época de Freud, Pontalis se pergunta o que foi que mudou: se foram os pacientes, ou se foram os analistas, já que estes últimos possuem a tarefa de recriar, a todo momento, uma metapsicologia, baseados que são em uma determinada cultura, "em função de uma evolução sociocultural que torna as marcas identificatórias instáveis e difusas, como se a crise de identidade não estivesse mais somente relacionada à fase de adolescência da vida" (Pontalis, 1974a, p. 10).

É como se esses pacientes fossem resultado da fragmentação do mundo moderno após a Segunda Guerra Mundial. Ou da Guerra Fria. Ou de uma espécie de liquidez do mundo contemporâneo. Ou do bombardeamento das Torres Gêmeas. Ainda não é possível dar um nome a eles. Entretanto, é preciso tentar.

Mas o que é o *borderline*?

Na literatura psicanalítica e psiquiátrica, parece haver um consenso de que o conceito *borderline* – ou estado-limite – teria sido empregado pela primeira vez pelo psicanalista Adolf Stern durante as décadas de 1930-1940, época em que os conceitos centrais foram fixados e os grupos de sintomas, reunidos (Stern, 1938). Stern observou grupos de pacientes que não estavam em consonância com a classificação tradicional da psicanálise, a saber, a neurose, a psicose e a perversão. Eles estariam situados em uma região fronteiriça, com pontos em comum com esses três funcionamentos, sem poderem ser incluídos em nenhum dos três.

Entretanto, muito antes dos anos 1940, os psiquiatras já se defrontavam com casos clínicos que não correspondiam aos grupos existentes de doença mental, mas que, de acordo com a

74 DIAGNÓSTICO, SINTOMA DE UMA ÉPOCA?

sua descrição, assemelhavam-se ao transtorno de personalidade *borderline* tal como ele é descrito atualmente. Esses diagnósticos eram incluídos em descrições já conhecidas, o que indica certa apreensão por parte dos psiquiatras em propor uma classificação intermediária.

Na primeira metade do século XIX, certos termos utilizados pelos psiquiatras parecem ser os precursores do *borderline*: *moral insanity*, empregado por Pichard em 1835; ou *folie raisonnante*, indicado por Esquirol em 1838; e *manie sans délire*, utilizado por Pinel mais tarde, em 1909 (Dalgalarrondo, 1996).

No final do século XIX, aquilo que atualmente é concebido como transtorno *borderline* se assemelhava às descrições, no campo da psiquiatria, das "formas de loucura" próprias aos adolescentes: a afetividade infantilizada, a idiotia, as graves alterações do comportamento e a deterioração progressiva do pensamento, como as descritas por Kahlbaum e Hecker entre 1884 e 1890, como catatonia e hebefrenia (citados por Dalgalarrondo, 1996). Essas eram as doenças mentais menos graves e muito comuns em adolescentes em que alterações do comportamento ético e moral prevaleciam: os jovens não perdem as capacidades cognitivas básicas e a doença não evolui para estados de confusão mental ou de déficit. Seria o jovem "mal-educado", com tendências a alterações abruptas do humor e do comportamento, que, mesmo com o pensamento e o raciocínio lógico preservados, pode manifestar uma dificuldade de apreensão da realidade, sem apresentar, entretanto, delírios, como é o caso dos hebefrênicos.

No início do século XX, com o trabalho de Bleuler (1911/1993) sobre o grupo das esquizofrenias (ou demência precoce), os transtornos de personalidade *borderline* puderam ser reconhecidos naquilo que Bleuler designou como esquizofrenia latente. Tratava-se de um grupo particular de pacientes que, mesmo apresentando alguns elementos da esquizofrenia, tinham um comportamento social "normal". Bleuler descrevia casos similares às doenças encontradas nos adolescentes com um "problema do sentimento social", mas cuja evolução era diferente dos casos de esquizofrenia mais leve, que viviam bem durante anos, mas se tornavam progressivamente irritáveis, "querelantes", os quais a família não podia mais suportar.

Ainda que Adolf Stern, em 1938, no contexto do tratamento psicanalítico, tenha escrito um texto em que emprega a expressão "Grupo de Neuroses *Borderline*", que antecipa e delimita certas noções conceituais que mantêm relação com o *borderline* – acentuando o forte componente narcisista e a dificuldade de serem tratados – no campo da psiquiatria, no início da década de 1940 continuava-se a recusar o diagnóstico e insistia-se em colocar as formas "não identificáveis" ao lado da esquizofrenia, como fez Zilborg (1941, citado por Dalgalarrondo, 1996). Ele chamou de "esquizofrenia de ambulatório" uma forma não identificável de esquizofrenia encontrada normalmente nos consultórios e nas clínicas ambulatoriais, e não nos hospitais psiquiátricos, o que era mais frequente.

Entretanto, no meio psicanalítico, guiados por Stern, inúmeros psicanalistas começaram a estudar, a partir da década de 1940, a estrutura e o funcionamento de um "novo modelo de paciente" utilizando termos como "à margem", "borda", "limite". As descrições e os termos variavam muito de acordo com a escola psicanalítica. Por exemplo, na escola inglesa, os psicanalistas falavam do paciente que, na transferência, manifestava sentimentos de ódio, raiva, dependência, amor e ternura, utilizando mecanismos de defesa primitivos, como a cisão, a identificação projetiva e a desvalorização do objeto ou sua idealização. Mas, mesmo dentro de uma mesma escola, por vezes, os psicanalistas não encontravam um acordo em relação a que o termo *borderline* se referia. As diferenças eram devidas à maneira como cada autor considerava tanto o quadro psicopatológico como o diagnóstico: como uma síndrome, como um "estado-limite", como uma estrutura particular de organização da personalidade; seja dentro de um espectro ou como um caso particular de psicose.

Borderline: seria um substantivo? Um adjetivo? Uma entidade intermediária? Uma entidade distinta?

Durante as décadas de 1950 e 1960, os psiquiatras continuaram a rejeitar a classificação diagnóstica dos transtornos de personalidade *borderline*, reagrupando-os juntamente com as esquizofrenias. Hoch e Polatin (1949, citados por Dalgalarrondo, 1996) introduziram o termo "esquizofrenia pseudoneurótica", condição caracterizada por uma combinação daquilo que eles designavam por "pan-neurose", com a existência de "pan-ansiedade" e problemas na esfera sexual associados a sintomas propriamente esquizofrênicos. Muitos termos foram empregados, sempre dentro do agrupamento das esquizofrenias, o que reafirma a reticência que tinham os psiquiatras quanto a uma classificação intermediária do *borderline* entre a neurose e a psicose: "pré-esquizofrenia", "caráter esquizofrênico", "esquizofrenia abortiva", "esquizofrenia pseudopsicopática", "caráter psicótico", "esquizofrenia subclassificada", "síndrome *borderland*", "esquizofrenia camuflada".

Até as décadas de 1960 e 1970, nas classificações diagnósticas do segundo volume do *Manual Diagnóstico e Estatístico de Transtornos Mentais* (DSM-II) (APA, 1968) e da nona revisão da *Classificação Internacional de Doenças* (CID-9) (OMS, 1976), o transtorno *borderline* era ainda situado no grupo das psicoses, mais especificamente associado às esquizofrenias. Nesses dois manuais de classificação, o transtorno *borderline* era sinônimo de "esquizofrenia latente". Na CID-9, há observações sobre a impossibilidade de uma descrição aceitável desses transtornos, visto que se trata de esquizofrenias mal definidas, classificadas precariamente já que comportam vários quadros ainda obscuros da esquizofrenia.[1]

Mudanças da década de 1980

O ano de 1980 é notável para a classificação dos transtornos *borderline*. Em decorrência da reformulação do DSM-II e da publicação do DSM-III (APA, 1980), há uma mudança radical na classificação. O novo sistema classificatório do DSM-III propõe uma classificação por eixo de avaliação em que o *borderline* obtém, finalmente, um eixo próprio, o eixo II, dos transtornos da personalidade. O *borderline* deixa, assim, de ser classificado dentro do grupo das esquizofrenias e migra, finalmente, para um eixo específico.[2]

Tanto a CID-10 (OMS, 1993) como o DSM-IV utilizam o termo *borderline* para qualificar um tipo de problema da personalidade. A primeira o designa como "transtorno de personalidade emocionalmente lábil de tipo *borderline*", em que estariam presentes os comportamentos mal adaptados, de impulsividade e de labilidade emocional. O segundo propõe como critério geral "um padrão invasivo de instabilidade nas relações interpessoais, de imagem de si e dos afetos igualmente marcada pela impulsividade, começando no adulto jovem e presente em um vasto número de contextos"

---

1 Para um exame aprofundado dos fundamentos da associação clínica entre a diagnóstica do DSM e a psicanalítica, remeto o leitor a Dunker (2014a).

2 Eixo I: transtorno psiquiátrico principal; Eixo II: transtorno de personalidade ou do desenvolvimento (para crianças e adolescentes); Eixo III: doenças físicas; Eixo IV: fatores de estresse psicossocial; Eixo V: nível de adaptação antes do aparecimento da doença. Observa-se que os diagnósticos são realizados de uma forma mais empírica e pragmática. Nota-se até mesmo uma rejeição das formas utilizadas anteriormente pelos psicopatologistas clássicos (do fim do século XIX, início do século XX), que se baseavam em sua intuição como um dos elementos diagnósticos.

(DSM-IV, 2002, p. 1033). Em seguida, há uma lista de outros tipos de comportamento específicos (Araújo & Lotufo Neto, 2014).

O DSM-V (APA, 2013) foi lançado oficialmente em maio de 2013. Em seu aspecto estrutural, essa versão do manual rompe com o modelo multiaxial introduzido em sua terceira edição. Os transtornos da personalidade e o retardo mental, anteriormente indicados como transtornos do Eixo II, deixaram de ser classificados como condições subjacentes e foram agregados a outros transtornos psiquiátricos maiores do Eixo I. Os critérios diagnósticos dos transtornos da personalidade permaneceram os mesmos em relação àqueles do DSM-IV.

O capítulo apresentado na seção II do novo manual de classificação conserva a reunião dos transtornos dividida em três grupos: Grupo A – Transtornos de personalidade paranoica, esquizoide e esquizotípica; Grupo B – Transtornos de personalidade antissocial, *borderline*, histriônico e narcisista; e Grupo C – Transtornos de personalidade evitativa, dependente e obsessivo-compulsiva.

Uma grande novidade do DSM-V é a inclusão de um modelo alternativo para os transtornos da personalidade, apresentado na seção III do manual. De uma maneira geral, o modelo se baseia em uma lista de operações e de traços de personalidade de caráter patológico que podem estar presentes em cada um desses transtornos. O nível da escala de funcionamento da personalidade (LPF, acrônimo em inglês), bem como 25 traços de personalidades patológicas, é apresentado nesta mesma sessão. De acordo com a Associação Americana de Psiquiatria (APA), o objetivo de apresentar os transtornos da personalidade dessa maneira é preservar aquilo que é utilizado na prática clínica, mas também introduzir uma nova concepção que visa remediar inúmeras lacunas presentes no modelo atual.

Críticas

O DSM-V dá continuidade à descaracterização dos grandes quadros de doenças e à fragmentação em unidades sintomáticas cada vez menores. Sua confiabilidade é, consequentemente, reduzida. Parece haver um tipo de política de amplificação que tem como resultado a inclusão indefinida de pessoas no campo da saúde mental. Há, assim, uma espécie de "razão diagnóstica" (Dunker, 2014b) que opera por trás da política de saúde dos manuais de diagnóstico, à qual o próprio DSM não escapa. Observa-se, como decorrência de sua nominação no manual, algo como epidemias de depressões, de déficit de atenção com hiperatividade e de diagnósticos de autismo. Fabricam-se tratamentos para doenças que nem mesmo sabemos quais são.

Uma vez que o DSM-V teria um fundamento nas neurociências, suas descrições deveriam ter uma maior confiabilidade e, consequentemente, uma maior dignidade que as descrições tradicionais, já que seriam embasadas por marcadores biológicos verificáveis. Não há, entretanto, até os dias atuais, um marcador biológico confiável para as doenças mentais. Os avanços em neurociências não permitem, assim, descrever com a precisão e a previsibilidade almejadas os processos que vão desde o gene até o comportamento, nem do comportamento ao transtorno, com previsibilidade e constância.

Além disso, trata-se de uma maneira de pensar bem pouco clínica, à medida que negligencia o fato de que os sintomas possuem uma ligação entre si e se referem à vida do sujeito:

> *Quando prescindimos da vida de alguém para pensar seus sintomas, ou a reduzimos a atividades elementares como comer, dormir, ou perder pessoas significativas,*

passar por momentos traumáticos etc., nos impedimos
de pensar a lógica dos sintomas. Isso dificulta não só
tratá-los, mas reconhecer a existência deles para além
do funcionamento social deficitário. (Dunker, 2014b,
pp. 186-186)

Há, então, uma política dos sofrimentos da qual os afetos participam sensivelmente,

> *uma política que nos mostra e produz a cada momento*
> *quais as formas e imagens que o sofrimento deve ad-*
> *quirir para ser visto e reconhecido e quais as formas de*
> *sofrimento que devem permanecer invisíveis, caladas*
> *e indiferentes aos discursos, inclusive aos discursos de*
> *assistência oficial do Estado. (Dunker, 2014b, p. 188)*

O DSM-V revela, assim, uma política de transformar toda forma de mal-estar em sofrimento, e todo sofrimento em sintoma. Uma política que nos leva a sofrer de uma maneira cada vez mais uniformizada e homogênea e em decorrência da qual o psiquiatra se torna cada vez mais um técnico que cria números e faz circular fichas.

Isso permite que nos afastemos dessa maneira de compreender a doença, como é descrita nos manuais, para pensá-la de forma mais articulada ao sintoma (enquanto sistema de montagem política), que depende, por sua vez, de experiências de reconhecimento social e de uma articulação entre os sintomas e as modalidades de sofrimento. O sintoma se comunica com a doença e combina com uma narrativa do sofrimento.

As contribuições de Adolf Stern e Otto Kernberg

É importante ressaltar que tanto a CID-10 como o DSM-IV têm suas concepções de "transtorno *borderline*" fortemente marcadas pelas ideias do psicanalista Otto Kernberg (1975, 1976), teórico e clínico pioneiro neste campo e um dos mais importantes, particularmente por sua noção de "organização da personalidade *borderline*" (Pereira, 1999; Figueiredo, 2000).

Tendo se baseado em Melanie Klein, Ronald Fairbairn, Edith Jacobson e, sobretudo, Margaret Mahler, Kernberg propôs uma compreensão estrutural e etiológica do *borderline*. Ele sugeriu, já em 1967, que a estrutura *borderline* é caracterizada pela presença de dinâmicas muito instáveis e oscilantes, cheia de transições bruscas, com avanços e recuos das duas principais angústias presentes no processo de separação-individuação[3] (Kernberg, 1967; Mahler, 1973). O autor descreve a "organização de personalidade *borderline*" (OPB) como uma estrutura psicopatológica específica situada na região fronteiriça entre a neurose e a psicose, constituindo-se essencialmente como um transtorno da personalidade.

De acordo com Kernberg (1967), o termo deve ser reservado a pessoas que apresentam uma organização crônica do caráter que não seja psicótica nem neurótica. A OPB seria caracterizada por uma constelação sintomática típica, por uma conformação específica dos mecanismos de defesa do eu, mas também por uma patologia nas relações de objeto internalizadas, com elementos genéticos e dinâmicos característicos, como o desenvolvimento

---

3 Trata-se de uma etapa posterior à simbiose e à exploração do ambiente, em que a criança sofre simultaneamente do medo de se separar do objeto e de se perder dentro dele (ou de ser rejeitada ou esquecida por ele) e do medo de retornar ao cerco de domínio do objeto e, assim, ser novamente engolida ou invadida por ele.

excessivo, em ambos os sexos, de moções agressivas orais, induzindo o aparecimento prematuro de tendências edipianas e levando a uma condensação patológica dos objetos pré-genitais e genitais sob a influência de necessidades agressivas.

Kernberg (1967) descreve também os diagnósticos de base desse quadro, como a presença de angústia crônica difusa, elementos de ansiedade difusa e sintomas neuróticos múltiplos e persistentes, como múltiplas fobias, obsessões, compulsões, sintomas de conversões bizarras, reações de dissociação, hipocondria e tendências paranoicas; tendências sexuais perversas polimorfas, paranoides, com componentes das personalidades esquizoide e maníaca; tendência à impulsividade e a diversos tipos de dependência com um caráter impulsivo e caótico. O estado de labilidade emocional, o exibicionismo e as necessidades de dependência, bem como os sentimentos crônicos de vazio, são também enfatizados pelo autor.

No que se refere a Stern, seu texto de 1938 começa por explicitar as duas características clínicas mais importantes presentes na noção *borderline* em psicanálise: a impossibilidade de classificá-los como neuróticos ou psicóticos e a dificuldade de acompanhá-los por meio dos processos habituais da psicanálise.

Stern (1938) descreveu dez sintomas principais do quadro, procurando situá-los dentro de uma perspectiva psicanalítica. Tais aspectos são os seguintes:

1. Narcisismo, ao qual o autor dá o estatuto de "base sobre a qual o quadro clínico se constrói". São pessoas que viveram experiências precoces e constantes de abandono, negligência, brutalidade e crueldade também pelas figuras parentais. Essas experiências conduzem a uma lesão profunda do narcisismo, que interfere em relação à autoestima, à segurança e à confiança em si. Como consequência,

os sujeitos seriam objeto de uma "desnutrição" afetiva (narcisista) e se comportariam como pessoas com "fome de afeto" (*affect hunger*).

2. "Hemorragia psíquica" relacionada ao colapso das capacidades de reação do indivíduo.

3. Hipersensibilidade desordenada.

4. Rigidez psíquica.

5. Tendência a reações terapêuticas negativas.

6. Sentimento de inferioridade que pode, por vezes, assumir uma "coloração" delirante, tal é a convicção da pessoa de que ela é um "ser humano inferior".

7. Masoquismo. Às vezes, as tendências claras à autopiedade, a vivência de desespero e o sofrimento crônico podem ser interpretados como "fatores para obter compensação" em consequência de um sentimento de não ser suficientemente amado.

8. Insegurança "somática" ou ansiedade, e insegurança patológica, esta última como um organizador de todo o funcionamento lógico dessas pessoas.

9. Presença de mecanismos de projeção como expressão da imaturidade dos processos psíquicos em questão, já que a pessoa pode se proteger com maior facilidade se ela considera o ambiente hostil. Graças a esse dispositivo, ela pode explicar suas dificuldades baseada na atitude de um outro indubitavelmente agressivo.

10. Dificuldades de teste da realidade.

A desconstrução do conceito

Essas observações mostram que é no campo da psicanálise que o conceito *borderline* foi inventado e é também aí onde ele foi primeiramente empregado. Ainda que admitamos as lacunas em sua "vida conceitual", o *borderline*, considerado por muitos autores como o "novo paciente", parece ter permanecido invariável ao longo dos anos no que diz respeito aos mecanismos psíquicos que lhe são subjacentes. Da mesma forma, uma constelação relativamente estável de sintomas e de comportamentos tem sido associada a ele. As descrições dos psicanalistas mais antigos são similares àquelas produzidas vinte ou trinta anos depois, o que pode ter gerado uma confusão, tanto no plano teórico como no clínico, desde as primeiras tentativas para delimitar o conceito. Entretanto, é preciso observar que os pressupostos teóricos são muito diferentes quando consideramos os campos da psiquiatria e da psicanálise, e mesmo no interior da própria psicanálise, entre as inúmeras linhas teóricas que a atravessam. Ficamos incapazes de saber se discutimos os mesmos fenômenos. Como consequência, corremos o risco de não poder aproveitar tal discussão.

O conceito *borderline* é, portanto, uma construção histórica, uma interpretação utilizada sobretudo pela psicanálise, a qual emprega o termo já desde o início do século XX. No que diz respeito à psiquiatria, o *borderline* foi legitimado somente mais tarde, a partir dos anos 1980, com a aparição do termo no DSM-III. Ao que parece, a psiquiatria se apropriou de um modelo conceitual criado no meio psicanalítico, embora, em sua criação nosográfica, não haja uma menção explícita à psicanálise.

Essa negação da fonte seria uma tentativa, embora artificial, de dar sustentação a um caráter supostamente "ateórico" aos manuais de psiquiatria? Seria uma negação, por parte da psiquiatria, de sua própria origem, no fundo bem próxima às origens psicanalíticas? Seria, por outro lado, a consequência de uma cisão radical proposta pela psiquiatria biológica, que visa cada vez mais se aproximar das ciências da natureza, sobretudo após o desenvolvimento das pesquisas em neurociências?

O diagnóstico de Ágata

Ágata chegou para o tratamento psicanalítico na instituição universitária em São Paulo em um estado de confusão, de desconexão com o mundo real, de tristeza, de desesperança com relação à possibilidade de receber ajuda. O contexto se inscreve em uma grande pesquisa sobre os pacientes *borderline* na universidade. Antes de entrar para o protocolo de pesquisa, Ágata foi submetida a uma bateria de testes psiquiátricos, bem como ao método de Rorschach, que confirmaram seu diagnóstico. Em seguida, ela foi encaminhada para entrevistas psicanalíticas comigo, com o intuito de iniciar um tratamento na instituição.

Quando ela chegou, estava triste, sentia-se sozinha e era incapaz de trabalhar. Embora fosse formada em arquitetura, não exercia essa profissão. Sentia-se mais à vontade em uma atividade em que não precisasse estar face a face com as pessoas (como os *call-centers*, por exemplo, onde ela passava o dia ao telefone com os clientes).

Além de escarificar a pele, ela descrevia um ritual definido pelos psiquiatras como bizarro: retirava seu próprio sangue com uma seringa e o armazenava em pequenos vidros que guardava no armário. Após alguns dias, ela os recuperava para admirar os desenhos que se formavam no sangue coagulado, formas que apareciam e que delimitavam belos relevos.

Questões de partida

Imediatamente, surgiram indagações: como apreender Ágata como um sujeito singular – o sujeito da psicanálise – se ela acabava de entrar para um protocolo de pesquisa grupal, médico, que visava ao público e a resultados generalizantes e generalizados, e a partir do qual ela recebeu de imediato o diagnóstico de uma doença psiquiátrica? Daí, a questão seguinte: precisamos, então, da patologia para pensar o singular na contemporaneidade?

Postulamos que a alavanca para a reflexão sobre a natureza do trabalho psicanalítico realizado com Ágata foi ter em mente as articulações e as particularidades do diagnóstico psiquiátrico *borderline*. Como discutimos anteriormente, esse diagnóstico só foi incluído no DSM em 1980.

Mas, se recuamos um pouco no tempo, encontramos alguns estudos do início do século XX, como o de Serieux e Capgras, em 1909, abordando quadros psicopatológicos que contêm fenômenos contraditórios: os delírios, de um lado, e a preservação da atividade mental necessária à vida cotidiana, de outro.

O contexto era o debate, naquele começo de século, sobre a maneira de se classificar a paranoia, por exemplo, como uma entidade nosográfica autônoma, ou como uma demência precoce. Hesitava-se, mais uma vez, em encontrar-lhe um novo nome, por exemplo, *borderline*. Era mais plausível comparar os delírios com os textos literários de Rousseau e Strindberg (Silva Junior, 2007). Em uma visão que separava claramente razão e desrazão, afeto e pensamento, arte e loucura, o objetivo era procurar preservar os aspectos lógicos do delírio tomando por base a existência de uma similitude com o discurso literário, considerando o artista (o escritor) como mais refinado em matéria de atividade mental. Talvez por isso mesmo, os casos de mutilação corporal, de isolamento, de mutismo etc. encontrados nas histórias ficcionais do final do século XIX, início do XX, não fossem abordados como uma combinação de múltiplos sintomas – resultado da plasticidade do comportamento humano –, mas, antes, como processos "à margem", ligados à religião ou à cultura, que não diziam respeito a questões de ordem médica ou científica.

A fonte literária

Retrocedendo um pouco mais no tempo e tentando seguir a via literária, mas sem cair na armadilha do pensamento dualista do qual nasceu a psiquiatria, retornemos ao sujeito romântico do fim do século XIX, aquele que sofre da falta de reconhecimento individual e se descobre diferente daquilo que a sociedade determinava que fosse. Nesse contexto, tudo é previsível e passível de ser racionalizado, menos o eu. O ser que aí vive é, então, um ser doente. Mas, talvez, ele possa se reinventar por meio da narrativa literária de sua doença.

Assim escreveu Freud (1907/2015, p. 16) a respeito da "magia" da *ars poetica*:

> *Mas os escritores são aliados valiosos e seu testemunho deve ser altamente considerado, pois sabem numerosas coisas do céu e da terra com as quais nem sonha a nossa filosofia. No conhecimento da alma eles se acham muito à frente de nós, homens cotidianos, pois recorrem a fontes que ainda não tornamos acessíveis à ciência.*

Ou, nas palavras do médico Jean Bernard (1967, p. 26, em tradução livre):

> *Os doentes com frequência inspiram os escritores, como a peste para Daniel Defoe ou Albert Camus. ... Isso no caso de doenças bem conhecidas. Nos demais casos, o escritor (por causa de uma observação impecável? De uma intuição infalível?) compõe um quadro de um transtorno raro que apenas alguns médicos conhecem. ... Mais raramente ainda, o romancista é o primeiro que, com admirável presciência, isola uma doença que os médicos conhecerão depois dele. É à esta segunda classe, a mais gloriosa, que pertence Barbey. ...*

O professor Jean Bernard, após ter lido a estupefativa novela *Uma história sem nome*, escrita por Barbey d'Aurevilly em 1882, associou, em 1967, o nome "síndrome de Lasthénie de Ferjol" à curiosa doença especificamente feminina que consiste em se furar com agulhas para provocar micro-hemorragias, determinando "anemias hipocrômicas". Ele descreveu a doença da seguinte maneira:

> *Essas pacientes têm necessidade de sofrer. ... Incapazes de encontrar satisfação em outro lugar, elas parecem procurar incansavelmente a doença. ... Elas não conseguem estabelecer uma relação com outra pessoa a não ser por meio de seu estado de doentes, este estado sendo uma espécie de intérprete que permite a elas exprimirem suas necessidades. (Bernard, p. 27, em tradução livre)*

É dessa forma que encontramos relações – um achado, de fato! – entre três tempos: 1) *Uma história sem nome*, de Barbey, no fim do século XIX; 2) as "hemorragias provocadas" de Jean Bernard no fim dos anos 1960; e 3) aquilo que evocam, nos dias atuais, os chamados "problemas de identificação" e as patologias narcisistas – as organizações de personalidade *borderline* ou casos-limite.

A novela de Barbey d'Aurevilly (1882/1990)[4] contém o tipo de descrição de caso que a realidade clínica é incapaz de oferecer. A história de Lasthénie de Ferjol, a menina atormentada que escarificou seu corpo até morrer, traz ensinamentos clínicos que não podemos tirar diretamente do discurso dos pacientes. Voltar às inúmeras fontes literárias, ficcionais ou mesmo míticas, da patologia *borderline* implica tentar encontrar nossas fontes lá onde os planos médico e psicopatológico se encontram, se mesclam e se confundem com a história literária. Não se trata de lhe esgotar o sentido, ou de ter a pretensão de dizer a verdade sobre a obra literária, mas de se deixar ensinar por ela.

Uma história sem nome

> *Esta foi realmente uma história sem nome! Um drama sufocante e sufocado entre essas duas mulheres do mesmo sangue que, entretanto, se amavam, que nunca se separaram – que sempre viveram no mesmo espaço –, mas das quais uma nunca foi mãe, nem a outra foi filha, pela confiança e pelo abandono. (Barbey D'Aurevilly, 1882/1990, p. 101, em tradução livre)*

---

4 Os dois principais estudos que me guiaram na leitura da novela *Uma história sem nome*: Abelhauser (2013) e Rabain (1990).

É dessa forma que a história se inicia: em uma pequena vila escondida no fundo das montanhas do Forez, onde as pessoas ficavam espremidas pelo estreitamento oval das montanhas, e pareciam caminhar sobre as pontas dos pés, de tanto que eram pressionadas umas contra as outras. E onde, além da impressão fisicamente pesada dessas insuportáveis montanhas, se experimentava um negrume no coração, escuro já pelo fato do tempo, mais escurecido ainda – negro sobre negro – pela sombra perpendicular dos montes que envolviam a cidade, como muros de um forte onde o sol não penetrava jamais. Às vezes, ao meio-dia, não era dia. Viviam ali reclusas, naquilo que poderia ter sido um sombrio castelo antigo, duas mulheres, a mãe e sua filha. A Senhora de Ferjol, seduzida por um belo oficial, foge com ele da Normandia para os Cévennes. Pouco depois de ter feito nela uma criança, o barão morre. A Senhora de Ferjol permanece corajosamente em um abismo – a dor de sua viuvez. Jovem e bela, ela transferiu o ardor dos seus sentimentos para sua filha, Lasthénie de Ferjol.

Lasthénie cresce em sua sombra como uma violeta ou um musgo do qual ela tem a brancura, o mistério e a languidez. Com olhos grandes e brilhantes de um cinza-esverdeado pálido e longos cílios dourados escurecidos, Lasthénie vivia na luz sombria que caía sobre ela, dentro desse fundo de poço cujas bordas eram as montanhas. Foi na grande escada, tudo o que talvez restasse de um castelo demolido, que Lasthénie, isolada de tudo pela angústia e pela piedade de sua mãe, passou as longas horas de sua infância solitária. Ela ficava ali, o rosto apoiado nas mãos, o cotovelo sobre o joelho, nessa atitude fatal de tudo o que é triste, e que o gênio Albrecht Dürer deu à sua gravura *Melancolia I*.

Padre Riculf, religioso errante da ordem dos capuchinhos, veio rezar a quaresma em todas as paróquias do reino. Seguindo um antigo costume da época, ele foi acolhido no castelo das Ferjol durante todo o mês. Morava ali também a velha criada Ágata Thousard,[5] que banhava os pés do Padre Riculf, pés de mármore ou de marfim, esculpidos por Phidias, enquanto ele falava do inferno.

Numa manhã, elas descobriram que o padre havia partido sem aviso prévio, deixando apenas um rosário esquecido cujos grãos eram separados por uma caveira talhada em marfim amarelado.

Algum tempo depois, Lasthénie ficou estranha. Ágata pensou em um feitiço que lhe teria jogado Padre Riculf. Mas, logo após, a mãe descobriu que Lasthénie havia sido seduzida. Mas por quem? Apesar de a Senhora de Ferjol insistir para que a filha falasse o nome do sedutor, Lasthénie permaneceu silenciosa. O drama se alastrou, então, entre as duas mulheres que se afrontavam. A mãe queria obter a confissão. A filha, diante da inquisição materna, tornou-se muda, abobada, autista. Passava os dias sem dizer uma só palavra, inativa, imóvel, a cabeça voltada para a parede (um sinal da loucura triste). Ela não acreditava estar grávida, esperava ter um câncer. Mas, um dia, ela sentiu a criança se mexer. Isso intensificou seu estado de torpor. É na tristeza, onde não há mais nenhuma história possível, que a imaginação é obrigada a adivinhar aquilo que é inenarrável.

Quanto a Ágata, cada vez mais rejeitada pela Senhora de Ferjol, não se atrevia a ir trabalhar nos aposentos onde não mais se falava. Ficava passeando pelo jardim, em torno do poço, por todo lugar. Sem Ágata, que as fazia comer como se faz comer as crianças ou os loucos, as duas mulheres teriam provavelmente morrido de fome, absortas pelos pensamentos que as devoravam.

Mãe e filha deixaram os Cévennes e foram para a Normandia, no castelo da mãe, a fim de esconder o final da gravidez. Lasthénie

---

5 Agathe no texto original. Optamos por traduzir por Ágata a fim de evidenciar a semelhança com o nome da paciente estudada.

não passava de uma "múmia pálida". Ela deu à luz, sem dizer uma palavra, uma criança natimorta. Ela deu à luz como um cadáver que se esvazia de outro cadáver. A Senhora de Ferjol enterrou esta criança no fundo do jardim.

Lasthénie, inconsolável e desconsolada, afundou, então, na melancolia. Ele parecia ter no coração uma ferida que sangrava sem parar. Os médicos se sentiam impotentes diante de sua apatia progressiva e sua palidez, diagnosticando um estranho langor incompreensível. Seu silêncio escondia sua loucura. Ela morria do mesmo modo como havia vivido: sem falar.

Um dia, a Senhora de Ferjol a encontrou com a cabeça encostada na parede, morta. Colocou a mão sobre o coração da filha para sentir se ele batia, sua mão se encharcou com sangue. Ela abriu, então, sua blusa e foi invadida por um sentimento de horror. Lasthénie havia perfurado o peito com dezoito agulhas na região do coração. Lasthénie se matou lentamente, um pouco a cada dia, com a ajuda das agulhas.

A história poderia ter terminado por aqui. Mas, como explica Barbey:

> Essa história sem nome de uma misteriosa tristeza doméstica surgida não se sabe de onde, nem como, sobre essas duas mulheres escondidas na sombra de uma cisterna ... se passou, ao mesmo tempo, tendo como pano de fundo uma outra sombra que se soma à essa ... que é a sombra da cratera aberta de repente aos pés da França e na qual as tristezas privadas desapareceram, por um instante, por debaixo das tristezas públicas. ... Pois a Revolução Francesa se alastrava, então, como uma febre pútrida e entraria no período agudo do de-

lírio. (Barbey D'Aurevilly, 1882/1990, p. 118, em tradução livre)

O escritor acrescenta, assim, um longo epílogo que desloca o conflito e reconduz o efeito de horror. Vinte e cinco anos depois, durante o período da Restauração, a Senhora de Ferjol, ainda viva, vai a um jantar em que um dos convivas exibe um anel muito bonito. Era difícil acreditar que o anel lhe pertencesse. Efetivamente, ele explica que conseguiu o anel de uma maneira curiosa. Foi acordado uma noite por ladrões que tentavam entrar em sua loja. Quando chegou à loja, viu que alguém forçava a cortina. Uma mão escorregava quase por um buraco e tateava a fechadura. Ele segurou essa mão, amarrou-a e voltou a dormir contando gozar, no dia seguinte à tal confusão, de ver o ladrão então capturado. Mas, de manhã, o ladrão havia fugido. Só o que restou na loja foi um pedaço de sua carne sangrando: ele havia preferido cortar seu braço a ser preso. E, num dos dedos da mão ainda presa, brilhava a pedra que fazia tanto sucesso no presente jantar.

Os convivas vão passando o anel de mão em mão. Quando ele chega às mãos da Senhora de Ferjol, ao olhá-lo, ela desmaia.

Passados alguns dias, o vizinho da mesa visita a Senhora de Ferjol revelando-lhe os fios necessários ao desenlace da história. A Senhora de Ferjol finalmente entende a verdade – o nome! – que tanto havia perseguido durante os anos anteriores. E a verdade tem um preço, pois, para conhecê-la, é necessário revelar o segredo da confissão.

Ei-lo aqui: um homem veio um dia pedir asilo aos trapistas. Ele era rude, desesperado e maneta: era o famoso ladrão. Era o mesmo que se denominava, em religião, Padre Riculf, cônego capuchinho. Ele pediu que o padre trapista o ouvisse, pois gostaria de lhe confessar seus crimes, a começar pelo primeiro. Enquanto estava hospedado na casa das senhoras Ferjol, ele surpreendeu numa noite Lasthénie em um acesso de sonambulismo e realizou nela o ato de que a infeliz criança não podia ter consciência na ignorância de seu sono. Lasthénie era sonâmbula como Lady Macbeth, diz Barbey, mas a Senhora de Ferjol provavelmente não havia lido Shakespeare. Além disso, o Padre Riculf roubou-lhe o anel que ela havia ganhado de seu pai e fugiu durante a madrugada.

Para a Senhora de Ferjol, a descoberta da inocência de sua filha soou-lhe como sua própria condenação. Ela transferiu todo o seu ódio a Riculf. Este havia morrido havia algumas semanas, no mosteiro, onde foi enterrado segundo a tradição trapista: sem caixão, com a face exposta, sendo coberto a cada dia com uma pazada de terra suplementar. Ela vai até a tumba dele. O rosto dele ainda está descoberto e, ao contemplá-lo, ela pôde imaginar, em uma impenitência sublime, estar no lugar dos vermes que tomavam lentamente posse do corpo dele.

Discussão

Barbey não poderia ter concebido o comportamento de Lasthénie de Ferjol em um sentido médico ou segundo algum tipo aleatório de classificação científica. O escritor relacionou seu "estranho estado de alma", se quisermos encontrar tal relação, como a consequência de uma ligação com o sobrenatural, com o destino ou mesmo com o próprio caminho natural da História. Lasthénie de Ferjol – da mesma forma que Hamlet (1599), Dom Quixote (1605), Dom Juan (1620), Robinson Crusoé (1719) e Fausto (1808) – faz parte do grupo de "heróis cruciais" pertencentes a uma subjetividade que caracteriza a modernidade. São heróis definidos pelo tipo de divisão subjetiva que lhes caracteriza. Seus empreendimentos (Dunker, 2011) individuais são determinados por formas de vida que demandam uma gramática específica de reconhecimento e localização de impasses e conflitos.

> *No campo da linguagem, a contradição que carregam estrutura-se na oposição fundamental entre falta e excesso. E daí advém uma concepção do patológico como impasse, bloqueio ou suspensão de simbolização, e o sintoma como forma restitutiva do fracasso de uma experiência. ... Esses heróis são expressão do paradigma mórbido que caracteriza a subjetividade moderna como um inventário de desencontros, de falsas restituições, de promessas irrealizadas e de elaborações melancólicas. ... São escravos do luto por uma experiência que não conseguem lembrar, reconhecer ou incorporar. (Dunker, 2011, p. 119)*

Acrescentamos, no contexto de Barbey de uma França decadente, certo enfraquecimento do sentimento religioso decorrente de um catolicismo em crise, dos laços familiares cada vez mais complexos, das relações de poder, da moral e das crenças. E também da própria situação de vida pela qual passava Barbey no momento da escritura da história.

A obra de Barbey se produz, de maneira geral, sobre uma inspiração criminal. Ele trabalhou como jornalista durante cerca de cinquenta anos, fazendo pequenos resumos de livros. Milhões de livros passaram por suas mãos, sobre os mais diversos temas. Como crítico literário, ele preconizava a "palavra rara", que seria mais aristocrática. Acreditava que a língua francesa teria suas origens nas obras masculinas, como a de Rabelais. Agrupava as pessoas mais por seu talento que por suas origens. Veio de uma família católica, com a qual rompeu em um dado momento por causa de uma situação de adultério. Fugiu, então, para Paris, afundando--se nas drogas e no sexo, e entrou em uma situação de desespero. Embora fosse um fervoroso católico, favorável à centralização da igreja católica em Roma, a igreja aparece em seus escritos como obscura, repleta de pessoas de todas as origens sociais. Para Barbey, para o encontro de Deus, era preciso passar por um caminho de enfrentamento do mal.

Entretanto, podemos nos perguntar: o que levou Barbey a escolher essa história, com essas descrições, neste momento específico? O que teria permitido que ele construísse um quadro como esse? Por qual viés ele conseguiu chegar nisso? Do mesmo modo, questionamos: o que conduziu o professor Jean Bernard a recolocar em questão as hemorragias provocadas, no século seguinte, mesmo ele recorrendo a uma verdade criada por Barbey com o intuito de encontrar um nome por ele procurado?

Assim, da mesma forma, podemos nos questionar em relação aos estados-limite: seriam estes novas estruturas? Ou será que sempre existiram? Ou, ao contrário, estão eles inscritos no século XX, acompanhando uma nova situação sociocultural, e isso levaria a pensar que mudanças nos sintomas só ocorrem em virtude de mudanças nas relações entre as pessoas?

Como afirma Dunker (2011), não são apenas histórias clínicas ou literárias que descrevem como pessoas conseguiram transformar em realidade aquilo que almejaram. São histórias sobre a descoberta daquilo que não era conhecido a respeito dos próprios desejos. "Tais narrativas", escreve Dunker, "possuem valor formativo para nossa razão diagnóstica" (2011, p. 120), o que é necessário não só para a formação de sintomas, mas também para produzir legitimação social do sofrimento, determinando o mal-estar ainda não nomeado e possibilitando seu tratamento pelo discurso.

O diagnóstico não é um simples ato de nomeação (Dunker, 2011) de um processo patológico, mas a reconstrução de uma forma de vida, que deve incluir ou pressupor suas próprias práticas de nomeação, sua economia social de nomeação, seus planos de articulação entre sofrimento, sintoma e mal-estar, bem como sua inserção em dispositivos práticos, institucionais ou discursivos de tratamento.

A *História sem nome* de Barbey não nos é útil para reafirmar nossas teorias, nem para justificá-las, tampouco para tecer interpretações ou fazê-las dizer aquilo que queremos ouvir. Iremos nos contentar em sublinhar alguns pontos que podemos aprender com a obra, sobretudo os pontos que possuem semelhança com Ágata, que, em nossa história clínica, não é a criada – aquela que vagueia pelo cenário, acompanha e observa os fatos. Nossa ideia é apontar duas narrativas singulares, protagonizadas por duas mulheres inscritas em momentos diferentes, acompanhadas por subjetividades particulares, mas que apresentam semelhanças a ponto de causar estranhamento. Estranhamento este que é necessário, pois nos leva a relativizar o diagnóstico, falar em razão diagnóstica e pensar sobre a necessidade de ter em mente o metadiagnóstico, tomando aqui emprestado o termo de Dunker (2011).

O primeiro ponto é propriamente a história sem nome, o não dito da história. Trata-se de uma história que não pode ser qualificada nem nomeada. Há uma ausência de registro. Isso quer dizer que alguma coisa pode ter se passado como ato, matéria ou traço, mas não pôde ser dita. É um exemplo da teoria do trauma como foi proposta por Freud: antes de se tornar traumática, a experiência deixa um traço não nomeado que só é transformado em cena traumática *a posteriori*: o primeiro tempo do trauma, em que ao ato vai se ligar uma palavra. Mas, na história de Lasthénie, como também na história de Ágata, há algo que carrega a falta, o vazio. Talvez seja uma verdade impossível de ser enunciada que leva, no nível do comportamento, à *mise-en-acte* (produção) de um *nonsense*: no nível do ser, leva a uma errância à qual ambas são conduzidas.

Mas do que se trata essa *mise-en-acte*? Lasthénie parece reencenar em sua vida o drama de sua mãe. Como Lasthénie, a Senhora de Ferjol também foi seduzida por um jovem capitão que lhe deixou, antes de morrer, apenas uma criança – Lasthénie. A Senhora de Ferjol estaria transportando seus desejos de morte para Lasthénie? Lasthénie estaria, então, refazendo o trajeto de sua mãe, mas no sentido inverso: ela efetua a passagem ao ato do desejo de sua mãe, desejo de que a criança Lasthénie seja morta. A mãe vinga sobre a filha – as duas parecem ser uma só – o ódio e a tristeza causados pela partida do marido.

No que se refere à Ágata, esta também foi "violentada" por seu namorado, que a abandonou em seguida. Ela tenta retirar o próprio útero com uma agulha de tricô, talvez como um ataque à própria feminilidade, e, fazendo isso, ela também atua (*mise-en-acte*) o desejo materno de ter uma criança outra, outra de si mesma – uma criança do outro sexo, o masculino.

As duas mulheres dão à luz crianças mortas: Ágata sofre um aborto, Lasthénie dá à luz um natimorto. Lasthénie morre, levando às últimas consequências o desejo da mãe. Ágata, ao que parece, encontrou uma forma de se desvencilhar, ao menos durante certo tempo, do caminho que lhe foi traçado pela mãe. E, enquanto a criança morta de Lasthénie é enterrada no jardim do castelo, Ágata enterra igualmente seus animais mortos no jardim de sua casa. Repetição impressionante da história!

Em seguida, o sangue. Lasthénie o faz escorrer para fora de seu corpo quando se pica com agulhas. Ágata também. As duas fazem deste ato um segredo, escondendo-o de suas mães. Elas provocam a perda de sangue, ato escondido que não tem palavras para ser dito, e essa perda as leva à própria morte. "Sangue que é, de alguma forma, o resto dos restos, o cimento de sua solidão, a contrapartida do inominável" (Dunker, 2011, p. 129). Este é também um meio de revitalizar o objeto mãe, de objetivá-la, pois se trata de uma relação de tal forma fusional com mãe que é como se esta circulasse, como o sangue, nas veias de seu bebê. Isso não deixa de ser, ao mesmo tempo, uma tentativa de recuperar a alteridade em relação ao objeto, alteridade esta que é negada pela sombra dos desejos das duas mães, que recaem sobre suas filhas.

Há outros objetos na novela de Barbey que adquirem o estatuto de "restos". O rosário com a pequena caveira deixado pelo Padre Riculf "em troca" do anel de Lasthénie que pertenceu ao seu pai. O monge, personagem transgressor; a imagem material de um buraco que reaparece de várias maneiras: o buraco-cratera aberto sob os pés da França onde se passa a história; o buraco no fundo do abismo onde se "enterram" as duas mulheres; o buraco no jardim do castelo onde se enterra a criança morta; o buraco de onde a Senhora de Ferjol vai exumar o cadáver do Padre Riculf para lhe revelar seu ódio; o buraco negro em que Lasthénie se fecha, em seu mutismo e seu autismo; o buraco em seu corpo por onde o sangue escorre. São esses objetos que são introduzidos por Barbey para anunciar, desde o início da história, a tonalidade do que vai se passar: uma tragédia.

Ágata, o nosso caso clínico de referência, possui também objetos: os gatos que cria; os lugares da cidade que visita; os "personagens" de sua história: o namorado rico, os médicos, o tarado que, de modo semelhante ao Padre Riculf de Barbey, pode lhe fazer mal; os pequenos vidros em que ela armazena seu sangue após retirá-lo com a seringa; a lixeira, procurada em diferentes momentos para jogar sua sujeira.

Com efeito, as duas protagonistas – Ágata e Lasthénie – são marcadas por histórias catastróficas, de modo que suas histórias trágicas individuais adquirem forma no interior das catástrofes de uma história maior – a História. O que nos leva a pensar que toda verdade é construída sobre o erro de uma verdade anterior. É dessa maneira que a história de Ágata pode ser pensada, também, como construída sobre os "restos" da história de Lasthénie.

A psicanálise

Na esfera psicanalítica, a teoria de Freud é fundada, da mesma forma, sobre mitos catastróficos – o mito do Édipo ou o mito da horda primitiva, sendo o assassinato do pai o vetor determinante do laço social.

Embora o termo *estado-limite* nunca tenha sido mencionado por Freud, ele concebe a melancolia (Freud, 1917/2005) como um tipo de estado-limite, descrevendo-a como uma neurose narcisista na qual predomina um supereu devastador. O supereu, dispondo de uma parte de suas origens enraizada nas fronteiras com o id (segunda tópica), torna-se um forte representante da porção sádica da pulsão de morte, que, voltando-se contra o próprio eu, o tortura e o arrebata.

O supereu mostra, assim, sua face mais feroz e sádica e engendra no eu um sentimento inconsciente de culpa. Do ponto de vista do objeto, Freud propõe a hipótese de que o melancólico sofre em razão da perda de um objeto que ele nunca teve. O sujeito melancólico estabelece uma escolha objetal de "tipo anaclítico", em que as trocas com o objeto se produzem por meio de um investimento objetal que se apoia sobre as pulsões de autoconservação. Quando ele perde o objeto, o melancólico perde, na verdade, aquilo que era apenas uma sombra. Essa sombra recai sobre o eu e o afunda em um negrume ainda mais sombrio. Se o neurótico sofre de um conflito entre o eu e o id, e se o psicótico sofre de um conflito entre o eu e a realidade, então o melancólico estaria à margem dessas duas estruturas descritas metapsicologicamente por Freud. O melancólico seria, então, uma espécie de *"borderline* metapsicológico".[6] Uma teoria não menos catastrófica que as anteriores.

Na França, entre os autores que empreenderam o conceito de caso-limite (ou *borderline*) em um projeto metapsicológico, citamos Jacques André, André Green, J.-B. Pontalis e Guy Rosolato. Como assinala Pierre Fédida (1978/2005b), esses autores interrogam a técnica psicanalítica em sua confrontação aos limites e, assim, sobre as transformações internas de sua prática e de sua teoria. E isso implica redesenhar as fronteiras da psicanálise e de um pensamento sobre a inexistência. Esses temas podem se tornar "os temas da moda", que acabam por matar e sepultar qualquer pensamento sobre eles. Entretanto, segundo Fédida, reduzir a valência ideológica de um conceito ao modo como ele é afetado por sua circulação em uma determinada cultura seria desconhecer aquilo a que nos reenvia, em psicanálise, o trabalho específico da elaboração teórica e metapsicológica.

É importante mencionar a posição de Lacan – sua recusa, na verdade – no que se refere ao conceito de estados-limite. O impasse diz respeito à questão da estrutura. A referência à estrutura, para Lacan, é imperativa. "Ela é destinada a pensar a economia da 'personalidade'" (Assoun, 2003/2011, p. 89, em tradução livre). O inconsciente é um sistema de regras, normas e leis, ou seja, concebido por Lacan como linguagem, o inconsciente é um conjunto

---

6   Expressão empregada por Paul-Laurent Assoun no seminário da École Doctorale de março de 2013 na Université Paris Diderot (Paris 7), França.

de estruturas sociolinguísticas que determina as condutas e os processos de produção do sentido (Safatle, 2007/2009).

De acordo com Lacan (citado por Dor, 1985/2002), as estruturas se referem a maneiras específicas de desejar, de dar sentido ao mundo e de se posicionar em relação aos outros. Ligadas às formações sintomáticas, as estruturas se formam segundo o modo como o sujeito se defende e toma uma posição em relação à proibição do incesto, ou seja, em relação a uma função de referência, o nome-do-pai, sobre a qual a identidade repousa. O nome-do-pai é, assim, o significante maior que permite ao sujeito identificar-se.[7] As organizações do desejo se declinam de acordo com três modos: a neurose, a psicose e a perversão.

A estrutura neurótica tem seu funcionamento baseado no recalcamento do significante nome-do-pai, o que cria uma cisão do sujeito, uma divisão subjetiva que separa o sujeito do objeto. Seus conteúdos psíquicos conflituosos são escondidos, postos em segredo em relação à consciência. O neurótico consagra toda sua energia psíquica em construir barreiras para proteger sua fantasia edipiana e também para impedir que ela se realize. O psicótico rejeita – forclusão – a ação do mecanismo de castração. Ele permanece, como consequência, imerso no desejo do outro, não sendo capaz de aceder ao registro do simbólico. E o perverso, longe de ser um fora da lei, procura realizar a transgressão pelo seu desafio – a denegação da lei.

Lembremos que não há, segundo este modelo, mobilidade entre uma estrutura e outra. E ainda que, na prática clínica, os transtornos graves do narcisismo, como aqueles encontrados nos

---

7   Segundo Lacan, o sujeito se insere no mundo simbólico a partir do Édipo e a função paterna se apresenta como uma metáfora. Como consequência, o significante nome-do-pai substitui o falo na relação de objeto da mãe. Por meio do nome-do-pai, a criança pode nomear o objeto fundamental de seu desejo.

estados-limite, sejam bem observados, eles não são considerados uma estrutura no sentido lacaniano.

Podemos nos perguntar, entretanto, em que medida a impossibilidade do diagnóstico *borderline* pelos lacanianos não seria a consequência de uma dificuldade operacional do manejo da transferência e de uma resistência, por parte do analista, diante da identificação estéril e esterilizante dos funcionamentos-limite com todas as facetas patológicas do eu que eles carregam (Elfakir, 1993). Isso leva o psicanalista a reconsiderar a ética de sua clínica: seríamos capazes de abandonar um analisando se ele pusesse em xeque o enquadre analítico, questionando-o ou atacando-o, por exemplo? Retomemos, sobre esse ponto, as palavras críticas de Jacques André:

> *A ausência da categoria* borderline *em Lacan é uma questão complexa, especialmente ligada ao primado fálico e a uma concepção pejorativa do eu, que mereceria um desenvolvimento à parte; mas pode ser que uma das razões para essa ausência seja técnica: como o caos* borderline *poderia aparecer por sua própria conta quando o arbitrário da determinação do enquadre é repetitivamente encenado pelo próprio analista? (André, 1999/2005, p. 9, em tradução livre)*

Nós nos propusemos a fornecer um olhar amplificado – uma espécie de *zoom* na história cultural e social do mundo ocidental, por meio do recuo de alguns anos na cronologia – e acreditamos que é isso que permite relacionar a história aos sintomas e às formas gerais de doença durante certo período. Isso pode abrir caminhos para uma escuta do sintoma que leva em conta um trabalho de subjetivação ligado à criação de laços sociais e culturais com o espaço, o tempo e os costumes. É nesse mesmo sentido que vale a pergunta:

será que as categorias clínicas ligadas à descrição do sofrimento psíquico, em larga medida, produzem o objeto que elas descrevem? Pois, quando um paciente apreende a categoria que o descreve, essa nomeação que ele faz de si mesmo produz novos efeitos e reordena os efeitos passados. Uma doença psíquica não é apenas uma descrição de fenômenos físicos agenciados em conjunto: ela é uma identidade, uma identificação. O fato de que uma categoria como a *borderline* apareça em um determinado momento talvez signifique não que surgiu um novo diagnóstico, mas que o sofrimento que ele narrava anteriormente passou a ser narrado de outra forma. A questão que se coloca é: por que, a partir de certo momento, se muda a forma de narrar um sofrimento (Safatle, 2016)?

Como desenvolve Dunker (2014c, p. 78):

> *Cada ato diagnóstico depende de um discurso que o autoriza, e cada discurso depende de uma meta-diagnóstica que oferece as condições históricas de possibilidade para que determinadas formas de mal-estar se tornem visíveis ou invisíveis, legítimas ou ilegítimas.*

E, se retornamos à nossa questão de partida – "Mas, afinal de contas, o que é o *borderline*?" –, talvez possamos respondê-la da seguinte maneira: o *borderline* nada mais é que aquilo que somos capazes de dizer sobre ele. E o que é interessante em um conceito é a maneira como ele nos permite ver e esclarecer certo número de pontos, mas também a maneira como deixa de lado alguns outros aspectos e mesmo exclui certos pensamentos que devem permanecer em outro lugar.

3. À procura de um estatuto metapsicológico do objeto em Freud

Faremos, neste capítulo, um estudo crítico e aprofundado da noção de objeto em Freud e em alguns de seus leitores, em particular aqueles que permaneceram em diálogo com Freud mesmo propondo modificações e extensões do conceito de objeto, por exemplo, os teóricos das relações de objeto da escola inglesa. Pretendemos demonstrar em que medida o objeto em Freud é imediatamente marcado por uma dimensão de falta ou de perda. Proporemos também que o texto *Luto e melancolia* (Freud, 1917/2011) é o primeiro grande texto, tanto sobre a relação de objeto como sobre o narcisismo do objeto, e ainda sobre o eu como objeto.

Definições e dificuldades

Uma revisão do tema do objeto na obra freudiana traz dificuldades, já que não há nela um tratamento unitário do conceito. Ao contrário, o objeto apresenta-se de diversas formas, em vários textos, por vezes sem um ponto de convergência, por vezes entrelaçado a outros conceitos, e também mudando em função do momento da elaboração da obra.

Embora Freud utilize certos termos da filosofia, ele não se inscreve na tradição da filosofia clássica (Ju, 2012). Ele toma emprestados certos termos da filosofia, como "representação" ou "objeto", mas ele os emprega em um sentido particular, metapsicológico. O objeto, no sentido metapsicológico, não é um correlato da percepção ou do conhecimento dos quais carrega certas características permanentes independentes da opinião do sujeito. O objeto é, ao contrário, correlato da pulsão sexual e não pode ser concebido senão como objeto parcial (a boca, o seio, o ânus etc.) ou fantasmático, de um lado; de outro lado, o objeto é também correlato do amor ou do ódio, o que pressupõe uma pessoa ou uma instância do eu, ou seja, um objeto unificado.

Freud oferece uma definição precisa da metapsicologia no texto *O Inconsciente* (1915/1988a): o conjunto dos processos psíquicos agrupados segundo três categorias: 1) a categoria dinâmica – forças ou energias que se combatem, dualismos pulsionais, conflitos psíquicos; 2) a categoria tópica – a ideia de uma localização psíquica, com os polos da personalidade, em que não há separação geográfica entre as instâncias, mas cada uma (id, eu e supereu) tendo uma parte inconsciente; 3) a categoria econômica – os destinos das quantidades, das intensidades de excitação e do investimento pulsional.

Além disso, Freud inicia seu ensaio metapsicológico sobre as pulsões (1915/1988b) colocando-as no mesmo plano que o conceito de energia em física. Essas formulações, que se referem à maneira como o conceito de pulsão opera – como a energia nas ciências exatas, como a física –, sugerem uma visão positivista ou positivada do conceito de pulsão, que não corresponde de modo algum à visão proposta por Freud ao longo de toda a sua obra.

O que opôs Freud aos seus interlocutores Charcot, Bleuler e Janet foi o fato de que estes interpretaram os sintomas positivamente, como se houvesse algo de tangível, uma lesão funcional, por exemplo. Isso falta às funções psíquicas. Estas, do ponto de vista metapsicológico, levam Freud à descoberta do "negativo do sintoma" (Schaffa, 2006). É importante distinguir a maneira teórica de pensar própria à filosofia – que visa tornar os conceitos compreensíveis e dotá-los de sentido por meio de um trabalho de diferenciação e de unificação – do modo de conhecimento metapsicológico, que se trata de um trabalho de *des-significação* por meio da metáfora (Fédida, 1978/2005c). *Des-significação* também característica do brincar, contínuo apagamento daquilo que é criado, produção de sentido engajada pela criação da ausência, por meio da qual se constitui, como afirma Luiz Carlos Menezes (2008), um figurável, um dizível, um pensável, em que havia dispersão e insistência de sombras errantes que, só ao encontrarem forma, podem deixar de inquietar, deixando de fazer mal em seu mutismo. Estamos ainda de acordo com Menezes (2008, p. 86): "A cientificação objetivante da psicanálise perde de vista que a psicanálise não se tornou uma psicologia científica – esta última tendo permanecido como um projeto que é, além disso, atravessado pela tessitura da metapsicologia".

A metapsicologia estaria mais do lado da feitiçaria, do mito, como na enigmática imagem lançada por Freud no texto *Análise terminável e interminável* (1937/2010a). Quando o autor discute as possibilidades do sucesso terapêutico de uma análise, ele sublinha o caráter de maleabilidade que adquirem as pulsões se estas estão em harmonia com as tendências do eu. Todavia, diz ele, não há uma resposta exata sobre os caminhos e sobre os meios pelos quais isso se produz, e acrescenta:

> *Deve-se então contar com a bruxa/feiticeira, a saber, a bruxa metapsicologia. Sem especulação e teorização metapsicológicas – quase diria devanear/fantasiar – não se consegue aqui sequer dar um passo adiante. Infelizmente, as informações da bruxa não são também desta vez nem tão claras, nem tão minuciosas. (Freud, 1937, citado por Tavares, 2012, pp. 9-10)*

De acordo com Pontalis (1998), a metapsicologia "fornece certa estrutura de pensamento, um quadro que certamente não é rígido, mas que nos permite ficar no informe sem se perder no caos" (p. 503, em tradução livre).

Segundo Fédida (1978/2005a), os objetos materializados – uma caixa, uma lâmpada, um isqueiro ou um livro – não podem ser confundidos com o objeto tal como é concebido formalmente, "às vezes simbolicamente e sempre abstratamente" (p. 139) na determinação de uma escolha (escolha de objeto), do amor (o amor do objeto) e da relação (relação de objeto). O autor acrescenta:

> *A teorização operatória do conceito de objeto em psicanálise pertence aos campos de elaboração – frequentemente congruentes ou conexos – que reenviam uma atenção exata a modelos e a procedimentos da prática a qual ela invoca. Uma metapsicologia do objeto corre o risco da abstração discursiva – sob o argumento de que evoca um ideal de objetividade – se não se mantém em contato com a abordagem técnica que concretamente a inspira e a coloca em movimento. O ensaio teórico do psicanalista – mesmo que não explicite os elementos de um estilo ou de uma técnica – deve abrir*

a leitura aos fundamentos de uma experiência. (Fédida, 1978/2005a, pp. 139-140, em tradução livre)

O lugar em que é colocado o objeto varia também de acordo com a leitura que fazem os autores. André Green (2002) escreve que a posição do objeto sempre foi reconhecida como restrita, já que Freud teria construído a teoria sob a égide da pulsão, insistindo sobre o primado da vida pulsional mais que sobre a vida dos objetos. Entretanto, afirma Green, a problemática do objeto, ligada àquela do eu, já estava inscrita em certa ótica metapsicológica em Freud, no momento que este desenvolve a segunda tópica, quando ocorre a substituição do inconsciente pelo id (e seu polo somático). Esse momento decorre de uma constatação clínica: uma preocupação com um eu não constituído apresentado por certos pacientes e, como consequência, a necessidade de conceber o trabalho psicanalítico ancorado na construção/reconstrução do eu sem cair na armadilha de aproximar a psicanálise das psicoterapias, ou seja, sem conceder-lhe uma mudança de enquadre e, assim, uma modificação do próprio método. Donde culminou a escrita por Freud do texto de 1923, *O eu e o id*.

Essas observações clínicas em relação ao eu no contexto da segunda tópica introduzem de imediato, segundo Green (1999/2005), uma nova problemática que é o papel do objeto nessas estruturas-limite – os *borderline*.

> *O objeto não é mais, como na neurose, o objeto fantasmático, o objeto dos desejos inconscientes, o objeto que suscita proibições e interdições, o que Winnicott chama de objeto subjetivo. Nós sentimos que existe um encrave do objeto dentro do sujeito, substituindo-o e falando em seu lugar. Não é raro que o objeto em*

questão seja portador de traços psicóticos. E, aqui, as maiores confusões são possíveis. (Green, 1999/2005, pp. 57-58, em tradução livre)

Por essa mesma razão, continua Green, este impasse em torno do eu, ligado tanto ao conceito de objeto como à experiência clínica com os estados-limite, "abre caminhos para a elaboração de um novo paradigma entre as entidades clássicas e a psicanálise evocada pela obra de Freud, mas que deve ser situado na perspectiva de sua construção teórica" (Green, 1999/2005, p. 68, em tradução livre).

Pierre Fédida (1974), por sua vez, discute que, apesar de constituir um termo cujos usos são múltiplos e mais ou menos vagos, o objeto tem, em psicanálise, significações precisas. O autor delimita três acepções. Na primeira, como *objeto da pulsão*, o objeto se define por sua variabilidade e, assim, constitui-se em função da história pessoal do sujeito. Fédida acrescenta que a distinção entre objeto real e objeto imaginário não é nada simples.[1]

Na segunda acepção, o objeto se define em relação ao amor e ao ódio, ou seja, em termos da *escolha de objeto*. Os dois termos – amor e ódio – não podem ser utilizados para a relação entre as pulsões e seus objetos, mas devem ser reservados para a relação do eu total com os objetos.

A terceira acepção tem um sentido filosófico ligado à teoria do conhecimento. Embora a psicanálise não seja uma filosofia do eu, nem do objeto, não podemos também cair "nas imprecisões

---

1 Consequentemente, mesmo quando dizemos que o alimento é o objeto da pulsão oral, percebemos logo que o termo alimento pode adquirir "inúmeras valências fantasmáticas sem deixar de constituir, entretanto, um objeto da pulsão" (Fédida, 1974, p. 189).

de uma psicologia objetivista tomando o sujeito por um objeto" (Fédida, 1974, p. 190, em tradução livre).

No dicionário de Claude Le Guen (2008), o conceito de objeto é discutido apenas em relação ao conceito de pulsão. Ele está contido no item cinco do artigo "pulsão" que se chama "objeto da pulsão". O autor trata da evolução do conceito ao longo dos anos e divide a obra em textos da primeira tópica (até 1920) e da segunda tópica (após 1920), sendo o advento do narcisismo um ponto de viragem. Dessa forma, Le Guen começa pelo *objeto sexual* das *Correspondências com Fliess* (1895), passando em seguida à discussão do *Projeto para uma psicologia científica* (1895/2008, p. 1195) sobre a experiência de satisfação como a "de um *objeto exterior* que permite a satisfação de estímulos endógenos". Ele passa, em seguida, ao caráter autoerótico da pulsão e discute o fato de o objeto da pulsão sexual estar entrelaçado ao objeto da pulsão de autoconservação nos *Três ensaios sobre a teoria da sexualidade* (1905), e passa pela ideia da descoberta do objeto como uma redescoberta, já que a futura vida amorosa depende da relação com o *primeiro objeto*. Em seguida, Le Guen sublinha a importância do narcisismo em 1914, segundo o qual o ser humano teria dois *objetos sexuais* originários: ele mesmo e a mulher que cuida dele. As *escolhas de objeto* são, então, duas: escolha de objeto narcisista e escolha de objeto anaclítica.

O texto *As pulsões e seus destinos* (1915) introduz, ao contrário, a ideia da variabilidade do objeto e da importância deste como meio para que a pulsão atinja suas metas de "olhar" e de "mostrar-se". Freud enfoca os pares formados pela relação da pulsão com o objeto: sadismo-masoquismo e voyeurismo-exibicionismo. O eu é aqui compreendido como autoerótico: "O *eu autoerótico* não se preocupa com o mundo externo e apenas necessita do objeto para apaziguar as pulsões de autoconservação" (Le Guen, 2008, p. 1195, em tradução livre, grifos nossos).

Os objetos do prazer são introjetados no eu e há um movimento de ódio que visa imobilizar o objeto da autoconservação, fonte de excitações desprazerosas. Le Guen finaliza a discussão dos textos da primeira tópica com a questão da *perda do objeto* colocada pelo texto *Luto e melancolia* (1917): o eu quer abordar o objeto como fonte de prazer e, amando-o, quer incorporá-lo. O eu aqui é um *eu total* e não ainda um *eu instância*. Le Guen considera que o texto *Psicologia das massas e análise do eu* (1921) é ainda regido pela primeira tópica, em que a *identificação do eu total com o objeto* é ambivalente e a escolha de objeto pode regredir à identificação, apropriação das qualidades do objeto.

Em relação à segunda tópica, Le Guen cita somente o *Esboço de psicanálise* (1940), embora reconheçamos nele as ideias do texto de 1923, *O eu e o id*. O autor sugere que o *objeto perdido ou abandonado* é novamente erigido no eu, sendo que os *sedimentos de investimentos do objeto* formam o próprio caráter do eu. Retornamos ao pai da pré-história pessoal que está na origem do supereu. O autor afirma: "Assim, o *eu* contém a história das suas *escolhas de objeto*. Modificado pelas introjeções, *o eu se oferece a si próprio como objeto de amor ao id*" (Le Guen, 2008, p. 1197, em tradução livre, grifos nossos).

Le Guen termina o artigo com uma síntese em relação ao objeto no *Esboço de psicanálise*:

> *O seio nutridor da mãe é o objeto autoerótico, o que permite ao amor aparecer apoiado na satisfação da necessidade embora, nessa época, a criança não diferencie exatamente o seio de seu próprio corpo. Será preciso que o seio lhe falte para que a separação possa operar, o seio se tornando, então, um objeto. Como, além disso, a mãe oferece seus cuidados à criança,*

fazendo emergirem muitas sensações eróticas, ela se torna, para ambos os sexos, o objeto do primeiro e do mais potente de todos os amores, protótipo de todas as relações ulteriores. Aqui, a base filogenética predomina, ao mesmo tempo que as condições objetivas da alimentação e dos cuidados importam pouco. (Le Guen, 2008, p. 1.197, em tradução livre)

Laplanche e Pontalis (1967/1988) notam que o termo *objeto* pode ser encontrado nos escritos psicanalíticos tanto isolado como empregado em inúmeras expressões, como escolha de objeto, perda do objeto, relação de objeto. Eles advertem que "objeto" é tomado no sentido comparável àquele encontrado na língua clássica, como "objeto do meu querer, objeto do meu ressentimento, objeto amado". O termo não deveria evocar, segundo os autores, a noção de coisa ou de objeto inanimado e manipulável. Eles reagrupam a noção de objeto em psicanálise segundo três aspectos principais, de forma semelhante à proposta por Fédida. No primeiro grupo, o objeto é um correlato da pulsão, ou seja, aquilo no qual ou por meio do qual a pulsão pode atingir sua meta, o meio contingente da satisfação e o elemento mais variável da pulsão. Mencionam fundamentalmente os textos *As pulsões e seus destinos* e *Três ensaios sobre a teoria da sexualidade* e recorrem à noção de apoio das pulsões de autoconservação sobre as pulsões sexuais.

No segundo grupo, a noção de objeto designa aquilo que é, para o sujeito, objeto de atração, objeto de amor, de forma genérica, uma pessoa. Nos textos freudianos escritos entre 1905 e 1924, dizem os autores, a oposição entre autoerotismo infantil e escolha de objeto da puberdade se atenua. Uma série de estágios pré-genitais da libido são descritos, cada qual implicando um modo particular de relação de objeto. As pulsões parciais têm sua satisfação ligada a uma zona erógena determinada, mas também aos *objetos parciais*. Aqui, é necessário fazermos algumas precisões no que concerne à noção de *objeto sexual*. Somos levados a distinguir um *objeto pulsional* de um *objeto de amor*:

> O *primeiro (o* objeto propriamente pulsional*) se define essencialmente como suscetível de proporcionar a satisfação à pulsão em causa. Pode tratar-se de uma pessoa, mas isso não é condição necessária, pois que a satisfação pode designadamente ser fornecida por uma parte do corpo. A acentuação incide então na contingência do objeto enquanto subordinado à satisfação. Quanto à relação com o* objeto de amor, *essa faz intervir, tal como o ódio, outro par de termos. (Laplanche & Pontalis, 1967/1988, p. 410, grifos nossos)*

Os autores explicam que os termos amor e ódio devem ser reservados para a relação do eu total com os objetos. Eles notam também que a oposição entre *objeto parcial* (objeto da pulsão, essencialmente objeto pré-genital) e *objeto total* (objeto de amor e essencialmente objeto genital) não implica necessariamente uma concepção genética do desenvolvimento sexual, já que o sujeito passa por uma integração progressiva das pulsões parciais no seio da organização genital. Segundo os autores, o texto *Introdução ao narcisismo* (1914) torna difícil situar um estatuto próprio ao objeto de amor, já que a escolha de objeto se faz ou por apoio ou de uma forma narcísica e, então, o caráter genital e total do objeto de amor não pode ser feito senão por inferência.

No terceiro grupo, Laplanche e Pontalis afirmam que a teoria psicanalítica se refere também à noção de objeto em seu sentido filosófico tradicional, aquele que concebe o sujeito como sujeito que percebe e conhece. Podemos encontrar as indicações dessa noção nos textos em que Freud faz referência a uma gênese da relação do sujeito com o mundo exterior e ao acesso à realidade, por meio de certos termos como "eu-prazer" e "eu-realidade" [*Formulações sobre os dois princípios do funcionamento psíquico* (1911); *Complemento metapsicológico à teoria dos sonhos*, (1917)].

Como psicanalistas, os autores fazem a crítica seguinte: admitir esse ponto de vista – a existência de uma realidade exterior, real e acessível ao sujeito – implica considerar uma evolução do objeto em direção à constituição de um objeto de amor genital. Isso implica, de imediato, esquecer o sentido do sexual que está contido no pensamento de Freud, ou seja, o caráter multiforme com o qual o objeto se apresenta, carregando traços que são passados e, simultaneamente, presentes. Isso seria recair, como escreveu Fédida (1978/2005b), sobre uma psicologia objetivista.

O objeto freudiano

Dito isso, exporemos o conceito de objeto levando em conta a divisão da obra freudiana em primeira e segunda tópicas, mas também reagrupando os textos de acordo com a forma como Freud empregou o termo/conceito de "objeto" em contextos metapsicológicos específicos.

Seguiremos o seguinte esquema: 1) objeto da pulsão em *As pulsões e seus destinos* (1915) e *Três ensaios sobre a teoria da sexualidade* (1905); 2) objeto da percepção *versus* objeto natural em *Projeto para uma psicologia científica* (1895), *O inconsciente* (1915) e *O recalcamento* (1915); 3) objeto da identificação em *O eu e o id* (1923); 4) objeto interno em *Luto e melancolia* (1917) e *Introdução ao narcisismo* (1914), e a retomada da questão em *Esboço de psicanálise* (1940).

Objeto da pulsão

O objeto da pulsão é uma das categorias presentes na obra de Freud e, como veremos, ele não se articula de uma maneira muito simples com as demais categorias. De acordo com Freud, ao nível da pulsão, o objeto satisfaz a necessidade de conservação do sujeito por meio de uma ação específica (feita pelo adulto, a mãe). Apoiando-se nesta, nasce a pulsão sexual cujo objeto é apenas contingente:

> O objeto da pulsão é aquilo em que, ou por meio de que, a pulsão pode alcançar sua meta. Ele é o elemento mais variável da pulsão e não está originariamente vinculado a ela, mas lhe sendo subordinado apenas devido à sua propriedade de tornar possível a satisfação. Pode ser mudado frequentemente, no decorrer das vicissitudes que a pulsão sofre ao longo da vida. (Freud, 1915/2004a, p. 149)

Antes, em 1905, o autor já mencionara os aspectos faltantes do objeto quando ele discorria sobre o objeto externo (a mãe):

> Quando a primeira satisfação sexual era ainda ligada à ingestão de alimento, a pulsão sexual tinha um objeto fora do próprio corpo, no seio materno. Ela o perdeu somente mais tarde, talvez precisamente na época em que se tornou possível à criança formar uma representação global da pessoa à qual pertencia o órgão que lhe oferecia a satisfação. (Freud, 1905/2006, p. 160, em tradução livre)

Não obstante, nesse mesmo texto de 1905, Freud anuncia também certa relativização do caráter arbitrário do objeto: "Mas dessa relação sexual, a primeira e a mais importante de todas, subsiste, mesmo após a separação entre a atividade sexual e a ingestão de alimento, uma parte importante que ajuda a preparar a escolha de objeto, a restaurar então a felicidade perdida" (Freud, 1905/2006, p. 161). Dessa forma, o objeto certamente está contido na pulsão. Mas o objeto e seus traços mnêmicos são também fixados[2] e a experiência de satisfação do sujeito com o objeto fornece as pistas, o caminho da pulsão.

Há, consequentemente, uma suplementaridade entre sujeito e objeto, o que implica que a escolha de objeto não é determinada somente por elementos endopsíquicos, mas que o objeto é também construído a partir das experiências vividas pelo sujeito (sobretudo as experiências infantis). A construção de objeto, processo simultâneo à construção do sujeito, é o resultado de complexas intensidades pulsionais e de sucessivas identificações que ocorrem ao longo de toda a vida.

Além disso, Jacques Dérrida (1967), no que se refere à oposição entre o objeto e o sujeito, critica a metafísica dualista na qual essa oposição parece ter se inspirado, afirmando que cada um dos polos do dualismo – no caso de Dérrida, a escrita e a voz; no nosso, o sujeito e o objeto – procura no outro a compensação de suas fraquezas ou o controle suplementar de seus excessos.

---

2 O termo "fixado" é empregado aqui como fixação do objeto na pulsão. Não se trata, naturalmente, da fixação como repetição que está na origem de certas patologias no curso do desenvolvimento da libido e das organizações sexuais. Para esta última concepção, remetemos o leitor ao texto *Conferências introdutórias à psicanálise*, 3ª parte, "O desenvolvimento da libido e as organizações sexuais" (Freud, 1916/2010).

Objeto da percepção e objeto natural

Estamos equivocados quando pensamos o objeto da percepção como um equivalente do objeto natural. Um mal-entendido desse tipo normalmente ocorre quando esquecemos que o seio que é percebido – o objeto natural – é, ao mesmo tempo, seio que alimenta e seio que dá e recebe amor – o objeto da libido.

Os conceitos básicos da primeira metapsicologia contidos nos textos de 1915 são os de "representação" (*Vorstellung*) e de "investimento". Não se pode ainda considerar, na leitura desses textos, o conceito de sexual infantil nem a noção de fantasia, nem as pulsões inconscientes no sentido que elas terão mais tarde – pertencendo ao id, o reservatório das pulsões.

No texto *O inconsciente* (1915/2010), Freud utiliza as expressões: "no caso de o outro ser um humano próximo, a suposição de uma consciência baseia-se numa inferência" (p. 105) ou "sabemos interpretar nos outros, isto é, integrar no seu contexto anímico os mesmos atos a que negamos reconhecimento psíquico em nossa própria pessoa" (p. 106). Em outros termos: *inferimos* o que se passa no outro por identificação, aquilo que não sabemos ligar à totalidade de nossas vidas psíquicas; *julgamos* como pertencendo ao outro; há ações que sei como *interpretar* no outro. E o autor acrescenta:

> *A atividade anímica inconsciente nos parece, por um lado, um desenvolvimento ulterior do animismo primitivo, que em tudo nos fazia ver imagens fiéis de nossa consciência, e por outro lado o prosseguimento da retificação, empreendida por Kant, de nosso modo de conceber a percepção externa. Assim como Kant nos alertou para não ignorar o condicionamento subjetivo*

de nossa percepção e não tomá-la como idêntica ao percebido incognoscível. ... Tal como o físico, também o psíquico não precisa, na realidade, ser como nos aparece. Mas teremos a satisfação de verificar que a retificação da percepção interna não apresenta dificuldade tão grande como a da externa, e que o objeto interno é menos incognoscível que o mundo exterior. (Freud, 1915/2010, pp. 107-108, grifos nossos)

Na última parte desse texto, Freud retoma a discussão sobre as neuroses narcisistas (a *dementia praecox*, segundo Kraepelin, ou esquizofrenia, segundo Bleuler) com o intuito de encontrar concepções que podem esclarecer "o enigmático *Ics*". Comparando-as às neuroses de transferência (histeria de angústia, histeria de conversão, neurose obsessiva), o autor afirma que estas implicam uma renúncia ao objeto real e que a libido, subtraída do objeto real, é direcionada para um *objeto fantasiado*.

Em *O recalque*, Freud (1915/2004b) desenvolve a ideia de deformação, uma função do recalcamento que tem por objetivo afastar do consciente os derivados do recalcamento primário. Trata-se, como nas formações substitutivas, de uma retração do investimento libidinal. Aqui, Freud explicita os mecanismos de deslocamento (histeria de angústia) e condensação (histeria de conversão) ou formação reativa (neurose obsessiva), exemplos de deformação e de substituição do objeto no interior do eu como resultado de uma retração da libido.

Temos aqui, então, o debate em torno da ideia do eu como sede das funções psicológicas que capta o objeto da percepção e o transforma em objeto da fantasia ou em objetos imaginários; imagens mais ou menos deformadas (ou não) dos objetos internos.

Se nos voltamos ao *Projeto para uma psicologia científica* (1895/1979), observamos que Freud trabalha segundo o modelo mecânico do arco-reflexo. O autor afirma que no psiquismo há somente afeto e representação. Naquela época, o importante era o efeito dos estímulos externos sobre o organismo e a reação deste aos primeiros. Freud postula que o aparelho psíquico é constituído por dois princípios mentais dinâmicos, os processos primários e os secundários, que se distinguem pela possibilidade ou não de reconhecer a origem, exterior ou interior, de um estímulo que entra. Freud descreve a existência de forças internas, excitações endopsíquicas e ações de inibição e de retardo contra as primeiras. Essas reações têm por objetivo impedir o processo de alucinação.

É importante lembrar também que o eu do *Projeto...* não é o mesmo eu das identificações, que é posterior a 1920. Aqui, Freud menciona a atividade de *julgamento da realidade* e, consequentemente, de um *objeto da percepção*. O julgamento da realidade teria por objetivo manter a percepção objetiva a fim de evitar a confusão total entre sujeito e objeto.

Mais adiante, entretanto, Freud escreve que o *pensamento cognitivo* ou *julgamento* procura se identificar com um investimento somático e que o julgamento se baseia, evidentemente, sobre as experiências somáticas, sensações e imagens em movimento próprias ao sujeito:

> *O despertar do conhecimento se deve, então, à percepção do outro. Os complexos perceptivos que emanam dele são, em parte, novos e não comparáveis a nenhuma outra coisa – por exemplo, os traços da pessoa em questão (na esfera visual); mas outras percepções visuais (por exemplo, os movimentos da mão) lembrarão ao sujeito as impressões visuais que lhe causaram os*

movimentos de sua própria mão, impressões as quais serão associadas ainda às lembranças de outros movimentos. O mesmo ocorrerá para outras percepções do objeto. Assim, quando o objeto grita, o sujeito se lembra de seus próprios gritos e revive suas próprias experiências dolorosas. O complexo do outro se divide, então, em duas partes, uma dando a impressão de uma estrutura permanente e permanecendo um todo coerente, enquanto a outra pode ser compreendida graças a uma atividade de memória, ou seja, atribuída a um anúncio enviado pelo próprio corpo do sujeito. (Freud, 1895/1979, pp. 348-349, em tradução livre)

Em outras palavras, a percepção só pode ser compreendida em correspondência com uma vivência corporal das imagens motoras – os traços do objeto na esfera visual. Assim, o sujeito se identifica com aquilo que o objeto faz dele.

Laplanche e Pontalis (1967/1988) parecem de acordo com a ideia de uma impossibilidade de separação entre realidade e fantasia, exterior e interior, alucinação e percepção:

Dito isso, Freud em nenhuma parte explicitou tal distinção [entre percepção e realidade] e parece que, no uso contemporâneo, a confusão imanente à noção de "prova de realidade" se conservou e até se reforçou. A expressão pode efetivamente levar a considerar a realidade daquilo que vem pôr à prova, medir, avaliar o grau de realismo dos desejos e das fantasias do sujeito, servir-lhe de padrão. ... Isso seria perder de vista um dos princípios constitutivos da psicanálise: não nos deixamos nunca levar a introduzir nas formações psíquicas recalcadas o padrão de realidade. (Laplanche & Pontalis, 1967/1988, pp. 490-495)

Os autores não estão longe daquela que é nossa leitura: a realidade percebida é a realidade de nosso próprio corpo, a qual não acedemos senão por meio da leitura que nossas terminações sensoriais fazem das notícias do mundo. Consequentemente, a teoria de Freud se funda sobre uma ruptura com a concepção de objeto da percepção ou objeto natural, este sendo deformado pelos mecanismos de projeção e introjeção.

Objeto da identificação

No contexto da segunda tópica, o objeto adquire importância como estruturador da instância psíquica – não se reduzindo mais a uma representação. A representação, contrariamente ao sistema da primeira tópica, não é mais algo predeterminado, mas é resultado de um trabalho e depende, então, do equilíbrio, da conjuntura econômica em ação. O conceito do eu como um precipitado de identificações – sobretudo o pai – entra em cena.

De fato, em *O eu e o id* (1923), Freud caracteriza o eu como não totalmente consciente, mas tendo uma parte inconsciente. O eu se confunde com o id em sua parte inferior. Além disso, acrescenta o autor, há mesmo gradações no eu, identificações em seu interior – o ideal do eu ou o supereu. No que diz respeito ao objeto como um conjunto de identificações, Freud escreve:

Se tal objeto sexual deve ou tem de ser abandonado, não é raro sobrevir uma alteração do eu, que é preciso descrever como estabelecimento do objeto no eu, como sucede na melancolia; ainda não conhecemos as circunstâncias exatas dessa substituição. Talvez, com essa introjeção que é uma espécie de regressão ao mecanismo da fase oral, o eu facilite ou permita o abandono do objeto. Talvez essa identificação seja absolutamente a condição sob a qual o id abandona seus objetos. De todo modo, o processo é muito frequente, sobretudo nas primeiras fases do desenvolvimento, e pode possibilitar a concepção de que o caráter do eu é um precipitado dos investimentos objetais abandonados, de que contém a história dessas escolhas de objeto. *(Freud, 1923/2011, p. 36, grifos nossos)*

Pode ocorrer que a transformação da libido sexual em libido narcísica – quer dizer, a modificação de uma escolha erótica de objeto para uma alteração do eu, por meio da qual o eu extrai os traços do objeto – torne-se muito grande (em termos de quantidade) e muito forte (em termos de qualidade). Freud desenvolve a ideia segundo a qual as identificações são de diversos tipos, e elas podem ser ambivalentes e mesmo incompatíveis umas com as outras. Um pouco adiante no texto, Freud menciona a origem do ideal do eu como contendo a primeira identificação e a mais significativa: aquela com o pai da pré-história pessoal. Ele escreve:

Esta [a identificação mais significativa] não parece ser, à primeira vista, resultado ou consequência de um investimento objetal; é uma identificação direta, imediata, mais antiga do que qualquer investimento objetal. Mas as escolhas de objeto pertencentes ao primeiro período sexual e relativas a pai e mãe parecem resultar

> *normalmente em tal identificação, e assim reforçar a*
> *identificação primária. (Freud, 1923/2011, p. 39)*

Além do caráter ambivalente das identificações, Freud parece ter explicitado aqui que, concomitante à ideia da identificação como resultado de uma dessexualização da pulsão sexual – e, consequentemente, do caráter do eu como dependente dessas internalizações do objeto –, há também algo do sexual que é próprio ao sujeito e não resultado da introdução de objetos no eu.

Assim, a contingência do objeto faz parte da natureza da pulsão. Em outras palavras, a escolha de objeto se dá sempre em um modelo que é, ao mesmo tempo, narcísico (e constitutivo do sujeito) e está em uma relação de dependência com o exterior, ligado à pulsão de autoconservação, ou seja, aos objetos e às pulsões sexuais.

De acordo com Cesar Merea (1994), a identificação – que é tanto a causa como o resultado da escolha de objeto – parece se desenvolver em um espaço virtual entre o pulsional-corporal e o relacional-intersubjetivo.

Observamos, aqui, que se trata menos de uma contradição ou de uma ausência de articulação que da complexidade das questões em torno do estatuto do objeto: há vários registros implicados, várias pulsões e pelo menos dois objetos, um ligado à satisfação das necessidades e outro próprio ao sexual e às intensificações.

Objeto interno

Nesta seção, pretendemos examinar os textos *Introdução ao narcisismo* (1914) e *Luto e melancolia* (1917) em relação à questão do objeto, levando em conta que estes são textos nos quais há, de acordo com nossa leitura, uma mudança radical, mesmo uma revolução teórica no conceito de objeto.

O primeiro, *Introdução ao narcisismo*, traz uma nova dimensão ao conceito de objeto: o eu se torna objeto. Freud diferencia a libido narcísica da libido do objeto: somente uma parte da primeira se transforma na segunda. A paixão por si mesmo é ao mesmo tempo sexual e mortal – encontramos aqui a noção de pulsão de morte. Além disso, as escolhas de objeto se fazem de uma maneira narcísica ou por apoio (objeto anaclítico). Assim, escreve Freud:

> *Uma pessoa ama:*
>
> *1) Conforme o tipo narcísico:*
>
> *a) o que ela mesma é (a si mesma),*
>
> *b) o que ela mesma foi,*
>
> *c) o que ela mesma gostaria de ser,*
>
> *d) a pessoa que foi parte dela mesma.*
>
> *2) Conforme o tipo "de apoio":*
>
> *a) a mulher nutriz,*
>
> *b) o homem protetor*
>
> *e a série de substitutos deles derivados.*
>
> *(Freud, 1914/2010, pp. 35-36)*

Freud traz a hipótese de que a cada ser humano estão abertas as duas vias de acesso à escolha de objeto, de modo que uma ou outra pode ter preferência. Entretanto, podemos nos perguntar, como outros leitores de Freud (Ju, 2012), em que medida as duas vias de escolha verdadeiramente se opõem. Por exemplo, as escolhas dos homens homossexuais correspondem ao tipo narcísico. Mas, se eles se identificam com sua mãe, a qual lhes forneceu os cuidados, então temos aqui uma escolha de objeto por apoio. Nesse mesmo sentido, a escolha tipo c se liga à instância ideal-do-eu. Embora se acrescentem, mais tarde, os educadores, os professores e as pessoas do ambiente, num primeiro momento, os objetos que lhe servem de modelo são os pais. Como consequência, trata-se de uma escolha também por apoio.

Freud sublinha que a escolha anaclítica deriva, ela própria, do narcisismo original da criança e corresponde a uma transposição deste (narcisismo infantil) ao objeto sexual. A oposição entre o sujeito que percebe (criança) e o objeto que é percebido (seio) deixa, então, de existir.

Assim, podemos concluir que essa diferenciação teórica entre a escolha de objeto narcísica e a por apoio, exposta acima, não alcança a complexidade de tais conceitos. Acreditamos ter aqui um exemplo claro da tese proposta por Pierre Fédida (1978/2005c), segundo a qual a metapsicologia se torna inoperante se é experimentada no sentido de uma verificação psicológica – ou mesmo vulgarizada sob a base de uma univocidade conceitual. Ou seja, a teoria psicanalítica só tem sentido se for ligada à pratica, não objetivada, mas ligada às experiências da transferência e do sexual lá onde o inconsciente faz o seu trabalho: a partir de uma negativação ou metaforização que permite o infra e o intersubjetivo.

Observamos que, do texto *Pulsão e destinos da pulsão* ao texto *Introdução ao narcisismo*, ocorre a introdução do sexual apoiado nas pulsões de autoconservação, ou seja, com um acento terrificante, limitador e mortal por uma parte da pulsão sexual, sua porção mortífera, em direção ao eu. Freud retoma essa característica ao mesmo tempo cuidadora e de sexualizante da mãe em um terceiro texto, publicado em 1938:

O seio nutridor da mãe é, para a criança, o primeiro objeto erótico, o amor se apoia sobre a satisfação das necessidades de alimento. No início, a criança certamente não diferencia o seio que lhe é oferecido de seu próprio corpo. É por perceber que esse seio frequentemente lhe falta que a criança o situa no exterior e o considera, portanto, como um objeto, um objeto carregado, em parte, do investimento narcísico primitivo e que se completa, em seguida se tornando a pessoa materna. Esta não se contenta em nutrir, ela cuida da criança e, assim, desperta nela muitas outras sensações físicas agradáveis ou desagradáveis. Graças aos cuidados que lhe oferta, ela se torna sua primeira sedutora. Por meio dessas duas formas de relação, a mãe adquire uma importância única, incomparável, inalterável e permanente, e se torna, para ambos os sexos, o objeto do primeiro e mais potente dos amores, protótipo de todas as relações amorosas ulteriores. (Freud, 1938/1949, p. 60, em tradução livre)

Podemos observar em que medida a noção do narcisismo introduz uma mudança global no estado das coisas. Há um deslocamento bem acentuado no estatuto do objeto: de suas características intrínsecas de substitucionalidade e variabilidade – como objeto da pulsão – ele passa a objeto único (André, 1999/2005), inalterável e permanente – como objeto amado e, como consequência, sexualizado.

Essa característica de permanência do objeto continua em *Luto e melancolia* (Freud, 1917/2011). Parece mesmo haver uma nova categoria para o objeto. Um objeto amado, odiado, amado-odiado, perdido ou morto, cuja prova de realidade mostra que ele não existe mais e decreta a exigência de retirar toda a libido das ligações que a retêm a este objeto. Entretanto, acrescenta Freud, "o que torna o trabalho do luto lento e difícil, com um grande dispêndio de tempo e de energia de investimento, é que, durante o luto, a existência do objeto perdido se mantém psiquicamente" (Freud, 1917/2011, pp. 48-49).

Essa noção é muito diferente, portanto, do objeto da pulsão de 1915, pois, aqui, o objeto do luto é quase insubstituível, ou mesmo fixo. Essa noção de "objeto introjetado" é também muito diferente da noção de objeto da identificação de 1923 (*O eu e o id*) e mesmo daquela de objeto do narcisismo de 1914. Segundo Baranger (1981/1994), essa categoria de objeto também não é equivalente à noção de representação, pois mantém uma troca com outras instâncias psíquicas e, assim, conserva uma porosidade.

Algumas observações sobre as teorias de objeto posteriores

A teoria das relações de objeto

De acordo com o modelo teórico das relações de objeto, a questão central está situada ao redor das relações entre o objeto externo e o aparelho psíquico. Esse modelo, que trouxe consequências importantes tanto para a prática psicanalítica como para a própria ontogênese do aparelho psíquico, bem-aceita nos Estados Unidos, tornou-se uma "quase doutrina oficial" (Green, 1999/2005, p. 34, em tradução livre) na Inglaterra e reapareceu na França sob a forma da teoria da intersubjetividade.

Escolhemos três autores cuja teorização não cessa de fazer trabalhar a questão do objeto freudiano. Suas teorias fazem, ao mesmo tempo, eco com nosso trabalho clínico, como veremos nos capítulos mais adiante.

Fairbairn

William Ronald D. Fairbairn (1889-1964), o principal precursor da teoria da relação de objeto, apresenta um pensamento mergulhado nas transformações do campo de conhecimento da psique. O autor critica a teoria da libido freudiana afirmando que sua limitação se deve ao fato de Freud compreender uma manifestação do eu – sugar o polegar, por exemplo – como uma atitude libidinal de pesquisa de prazer limitada a uma zona erógena. Esta e tantas outras manifestações, segundo a interpretação que faz Fairbairn da teoria pulsional, não passam de técnicas do eu para regular as relações com os objetos.

Dito de outro modo, segundo Freud, o eu se manifesta como atitude libidinal que busca o prazer. Fairbairn sustenta, ao contrário, que a pulsão é, essencialmente, procura por objeto (*object seeking*). Há, assim, uma transformação na teoria no que se refere ao objetivo da pulsão: ele não é mais a procura pelo prazer, como escreveu Freud, mas a procura pelo objeto. A pulsão procura o objeto não somente para descarregar, mas também para estabelecer ligações e, a partir destas, gerar uma experiência de satisfação. Essa concepção reduz as zonas erógenas a meros canais pelos quais escoa a libido. A finalidade última da libido é sempre o objeto:

> *Na busca pelo objeto, a libido é determinada por leis semelhantes àquelas que regem a circulação da*

*energia elétrica, ou seja, ela procura o caminho de
menor resistência. Uma zona erógena deveria, então,
ser considerada simplesmente um caminho de menor
resistência; e sua real erogenidade pode se comparar a
um campo magnético gerado pela passagem de uma
corrente elétrica. (Fairbairn, 1941/1998, pp. 32-33,
em tradução livre)*

A partir da ligação com o objeto, uma rede de ligações estáveis e boas se forma, a qual guia o bebê do estágio infantil de
dependência em direção ao estágio de dependência do adulto, ou
mesmo da maturidade. Como consequência, a procura de bons
objetos para a formação de ligações estáveis é anterior à procura
de objetos para obter descarga visando ao prazer: "A maior necessidade de uma criança é obter a garantia definitiva de que: a)
ela é verdadeiramente amada e reconhecida como outra pessoa
pelos pais; e b) os pais aceitam e consideram seu amor como bom"
(Fairbairn, 1941, pp. 32-33).

E, ao contrário, a perda ou a supressão do objeto leva a um sentimento de aniquilação do eu e à construção de um sistema fecha-
do, de uma estrutura endopsíquica doente, de um contato limitado
com o mundo, onde esses objetos habitam e são controlados – a
esquizoidia. Trata-se, entretanto, de uma condição estruturante do
mundo interno, já que todo mundo passa pelo estágio de dependência oral do objeto.

*A situação traumática, em ambos os casos, se produz
quando a criança sente que não é verdadeiramente
amada como pessoa e que seu amor não é aceito. Se
a etapa em que as relações de objeto infantis foram
insatisfatórias coincide com a fase oral primitiva ... a*

reação favorece a base da tendência esquizoide. Se, por outro lado, a etapa em que as identificações infantis foram insatisfatórias é a fase oral posterior ... a reação favorece a base da tendência posterior depressiva. (Fairbairn, 1952/1974, pp. 55-56, em tradução livre)

A partir de sua leitura do artigo intitulado "Os fatores esquizoides da personalidade" (Fairbairn, 1952/1974), Pontalis (1974b) reconhece o valor de Fairbairn como clínico, uma vez que se percebe que o que o motivou, em sua revisão da teoria freudiana, foi um grupo de pacientes difíceis com o qual foi confrontado. A descrição do funcionamento da realidade interna desses pacientes é, na verdade, um dispositivo de técnicas: pegar, incorporar, esvaziar. Essas se justificam, uma vez que o analista atua sobre um terreno bem diverso daquele dos sentidos, do representável, da fantasia e da interpretação. Fairbairn faz do psiquismo um equivalente da atitude corporal e utiliza uma metáfora (como Freud utilizou as dele) interessante: o psiquismo, no esquizoide, se comporta como um organismo individual que deve preservar sua forma.

Entretanto, escreve Pontalis, o autor descreve e reduz os funcionamentos psíquicos a processos orgânicos de repetição, de ciclos, de automatismos etc., que são observados como sequências de comportamentos objetiváveis. Sua compreensão do autoerotismo como uma técnica para interiorizar o objeto perdido mostra que o autor não compreendeu o propósito do autoerotismo: a criação de um mundo entre o interno e o externo que permite ao sujeito se encontrar lá onde ele perde e reencontra o objeto. Daí nossa impressão de que sua concepção é reificada demais, o que faz com que seja difícil compreendê-la em relação à clínica. Esta é, em nossa concepção, mais flutuante e instável.

132 À PROCURA DE UM ESTATUTO METAPSICOLÓGICO...

Winnicott

Donald W. Winnicott (1896-1971) tem importância para esta discussão em torno do objeto na medida em que sua teoria é embasada na clínica dos pacientes *borderline*. Na leitura que faz de Freud, Winnicott restabelece o registro da autoconservação ao destinar uma importância decisiva aos cuidados da mãe ao bebê durante seus primeiros estágios de vida – a mãe suficientemente boa. Com isso, a modificação proposta pelo autor diz respeito ao papel crucial desempenhado pela intersubjetividade para a conservação da vida.

Winnicott introduz a noção de *self* (o si mesmo), aquilo que reconhecemos como sendo nós mesmos, o que nos confere o sentimento de existir. O *self* é ao mesmo tempo o eu, o id e uma parte do supereu e, de acordo com Jacques André (2011a, p. 38, em tradução livre), "sua temporalidade diz respeito mais a um processo de maturação que ao *après-coup*".[3] O *self* é, então, aquilo que dá a nós o sentimento de identidade e de intimidade. Ele se desenvolve a partir do contato com a realidade. Parece que o inconsciente é reintroduzido na noção de *self*, o qual "mistura inextricavelmente o vital e o libidinal" (André, 2011a, p. 38).

---

3 O termo em alemão *Nachträglichkeit* refere-se à concepção freudiana da temporalidade e da causalidade psíquicas. Ele impede que a concepção psicanalítica da história do sujeito seja interpretada como uma sucessão de fatos lineares e que considere somente a ação do passado sobre o presente nos registros psíquicos. A vivência psíquica é remodelada no presente porque, no passado, sofreu a ação do recalque. O modelo dessa vivência é o acontecimento traumatizante. Para um aprofundamento sobre a noção, remetemos o leitor a consultar o verbete "Posterioridade, posterior, posteriormente" do *Vocabulário da Psicanálise* (Laplanche & Pontalis, 1967/1988, pp. 441-445).

Com efeito, Winnicott descreve o espaço transicional como um "terceiro objeto-espaço" (Candi, 2010, p. 134), uma camada-limite entre dois corpos:

> *Voltando aos estágios mais precoces, chegamos à fusão completa do indivíduo com o meio, o que está implicado nas palavras narcisismo primário. Entre este estágio e as relações interpessoais, há uma fase intermediária absolutamente importante: trata-se de uma camada feita como que de substância materna e de substância infantil, camada que é preciso reconhecer entre a mãe que carrega fisicamente o seu bebê (em seu ventre ou em seus braços ou de qualquer outra forma que implique esses cuidados) e o próprio bebê. Há algo de louco em defender tal ponto de vista, mas ele deve ser defendido. (Winnicott, 1988/1990, p. 200, em tradução livre)*

É daí que resulta o conceito de objeto transicional. Após o nascimento, o bebê atravessa uma experimentação da realidade exterior que lhe é, por vezes, insuportável. Essa experimentação é, ao mesmo tempo, o que lhe permite encontrar a realidade interior. Seria um tipo de ilusão em que a mãe e o bebê não estão separados. A primeira função dessa zona intermediária seria o apaziguamento das tensões oferecidas pela realidade exterior.

O objeto transicional ocupa o lugar do seio e é o objeto da primeira relação da criança, precedendo, assim, o estágio do estabelecimento da prova de realidade. Em sua relação com o objeto transicional, a criança passa do controle onipotente do objeto ao controle por meio da manipulação. Há, então, uma espécie de erotismo muscular, e mesmo corporal.

O objeto transicional pode ser um substituto do seio, mas a sua existência efetiva é mais importante que o seu valor simbólico. O objeto transicional deve ser real a fim de que possa ser utilizado pela criança no seu percurso do "puro subjetivo" ao objetivo.

É só por meio de um objeto não eu que possa resistir à manipulação feita pela criança que surgirá a capacidade de brincar. E, se o objeto pode ser utilizado de forma criativa, a criança pode enfrentar a tensão entre a realidade exterior e a realidade interior que lhe é imposta por sua existência.

André Green

Embora desenvolva sua teoria sobre os objetos – e os investimentos pulsionais nestes – baseando-se nas proposições de Winnicott, Green faz críticas à noção de relação de objeto afirmando que ela retoma, nos trabalhos dos psicanalistas franceses, em particular os de Bouvet,[4] o trabalho dos autores anglo-saxões. Entretanto, como leitor de Lacan, Green (1966) sublinha a ausência, na teoria das relações de objeto, de qualquer referência aos elementos de "mediação" em sua concepção de objeto. São elementos relacionados a aspectos especulares entre o desejo da mãe e de sua criança que fazem, então, com que o "objeto-criança" ocupe um lugar no desejo da mãe que serve para preencher uma falta. Sem a concepção da presença do aspecto narcísico no interior das relações de objeto, seja na escolha narcísica, seja na escolha objetal, perde-se de vista a noção de que o outro nunca é alcançado de maneira direta. Segundo Green (1966), o que separa a teorização de Lacan da de outros autores é a valorização, por estes, do aspecto positivo das

---

4 Green fez uma análise com Bouvet.

qualidades dos objetos, enquanto Lacan, como Green, valorizam os seus aspectos negativos.

Dito isso, vamos nos concentrar nos aspectos da teoria de Green que se referem aos objetos e aos estados-limite e que fazem, então, ressonância com nosso trabalho.

Green julga necessário prolongar a metapsicologia freudiana com uma terceira tópica, de inspiração "winnicottiana", na qual, como vimos um pouco antes, intrincam uma linhagem do sujeito e uma linhagem objetal: "Eu me pergunto, sem sombra de dúvida, se uma nova metapsicologia, uma espécie de terceira tópica, não teria sub-repticiamente se instalado no pensamento psicanalítico, cujos polos teóricos eram o *self* e o objeto" (Green, 2007, p. 19, em tradução livre).

Em sua leitura da teoria das pulsões freudiana, Green faz uma reformulação no que se refere às concepções das pulsões de vida e das pulsões de morte. O autor sublinha que as pulsões de vida são representadas pelos mecanismos de ligação, desligamento e religação. As pulsões de morte, por outro lado, são representadas exclusivamente pelos mecanismos de desligamento. A partir disso, Green define as pulsões de vida por seu papel de "função objetalizante": criar uma relação de objeto interna (via uma representação) e externa (via uma relação), transformar estruturas em objeto quando o objeto não está presente. Trata-se, então, de manter no trabalho psíquico um investimento significativo. Além disso, trata-se do papel das pulsões eróticas nos processos de transformação criadores do objeto.

Segundo Green (1986), o investimento é portador de sentido, o que confere a ele a capacidade de fazer de um não objeto um objeto. Este, por sua vez, revela a pulsão, identificando-a e dotando-a de significado:

> *O principal alvo das pulsões de vida é garantir uma função objetalizante. Isso não significa apenas que sua função seja a de criar uma relação de objeto (interna e externa), mas também que ela se revela capaz de transformar estruturas em objeto, mesmo quando o objeto não está diretamente implicado. Em outras palavras, a função objetalizante não se limita às transformações do objeto, mas pode fazer surgir, num objeto que não possui nenhuma qualidade, propriedades e atributos de objeto, desde que uma só característica se mantenha no trabalho psíquico realizado: o investimento significativo. (Green, 1986, pp. 54-55, em tradução livre)*

A pulsão de morte, por outro lado, visaria a uma função desobjetalizante por meio do desligamento. Consequentemente, teríamos um ataque às relações de objeto e a todos os seus substitutos, incluindo o próprio investimento. A manifestação própria à destrutividade da pulsão de morte é o desinvestimento, trabalho que está no seio da função desobjetalizante da pulsão de morte:

> *Ao contrário, o alvo da pulsão de morte é cumprir, tanto quanto possível, uma função desobjetalizante pelo desligamento. Essa qualificação permite compreender que não é somente a relação de objeto que se encontra atacada, mas também todos os seus substitutos – o eu, por exemplo, e o próprio fato do investimento quando ele passou pelo processo de objetalização. ... Mas a manifestação própria à destruição da pulsão de morte é o desinvestimento. (Green, 1986, p. 55, em tradução livre)*

Green observa que não se trata de uma simples retirada de investimento de um objeto seguida de sua transferência para outro objeto. Trata-se, ao contrário, de um verdadeiro processo de morte pelo qual todo o investimento significativo se vê desfeito e privado de seu conteúdo de vida para resultar em um fragmento de morte psíquica.

Green defende, por fim, que a pulsão necessita de alguma forma de reorganização ou de tratamento para que se torne mediadora de uma relação diferenciada com o objeto. Seria o papel do trabalho do negativo (Green, 1995), um trabalho sobre a pulsionalidade que visa neutralizar seus efeitos devastadores.

Assim, o trabalho do negativo, em sua forma benéfica, se dá por meio da sublimação e do recalcamento, que conduzem a dominar a violência pulsional, a organizar o eu pelo estabelecimento de ligações e a assegurar o amor por parte do objeto e do supereu.

Pode acontecer, entretanto, de um desligamento se produzir nas experiências primordiais com o objeto externo – a mãe – ou com suas partes e funções. Há algo que não transcorre bem, o objeto falha em sua função de continente, de presença ou de resposta às demandas do sujeito. Nesse caso – e aqui está a gênese das patologias *borderline* –, uma má constituição se produz nos limites do psiquismo: limites ao mesmo tempo entre as instâncias psíquicas no interior do psiquismo e entre seu interior e seu exterior. Em consequência, a ausência do objeto não pode ser constituída, o objeto não pode ser esquecido. Ele tampouco pode ser suportado. O resultado seria o funcionamento encontrado nos estados-limite, nos quais os objetos substitutos são intrusivos ou ausentes.

Discussão

Como vemos, há inúmeros sentidos para a palavra objeto na obra freudiana. As acepções possuem problemáticas intrínsecas e bem distintas umas das outras, mas possuem também elementos similares que podemos, naturalmente, relacionar.

O apoio da libido sobre as funções do eu pode conduzir a uma confusão entre objeto natural, objeto da autoconservação e objeto sexual. De fato, são três entidades diferentes, exceto por sua união naquilo que é essencial à experiência humana do desejo: que o seu objeto é, ao mesmo tempo, presença e ausência e que é esse aspecto que permitiu a Freud desenvolver tanto a teoria como a técnica psicanalíticas.

De acordo com Baranger (1981), com quem estamos de acordo, o que muda em relação ao estatuto do objeto da primeira para a segunda tópica é a mudança metapsicológica operada pelo conceito de narcisismo na teoria como um todo. Com efeito, segundo o modelo metapsicológico da primeira tópica, há no psiquismo somente representações e afetos. O objeto é, também, uma representação, como observamos em *O eu e o id* (1923). Entretanto, o advento da noção do narcisismo e o texto *Luto e melancolia* inauguram o *objeto interno*, que não é mais uma representação, nem uma lembrança ou um conjunto de lembranças. O objeto interno é uma instância que permanece "viva" no interior do psiquismo, e que é transformada pelo trabalho do luto, de acordo com os mecanismos de defesa do eu e, sobretudo, como nos mostra Freud, de acordo com as exigências do supereu.

Jacques André, em seu texto intitulado *O objeto único* (1999/2005), afirma que a mudança paradigmática em Freud da primeira para a segunda tópica é, sobretudo, clínica, em virtude dos desafios que colocam os pacientes *borderline* para a prática da psicanálise, pacientes nos quais o eu ainda não está formado e para os quais a sexualidade, cuja existência não está garantida, é, por consequência, sem significação.

O autor sublinha que a questão do paradigma psicanalítico pode ser considerada a partir de vários ângulos: o inconsciente, o sexual, a interpretação, a transferência. Acrescentamos, evidentemente, o ângulo do objeto, em todas as suas formas. Parece-nos que as considerações de Jacques André estão em acordo com as de Baranger no que diz respeito ao investimento do objeto em direção ao eu no narcisismo introduzir um desequilíbrio definitivo na concepção da sexualidade. Jacques André argumenta que a dinâmica do sexual é o que permite a mudança psíquica. E, principalmente, a mudança de objeto. Ora, a problemática dos estados-limite e a das relações de objeto são historicamente indissociáveis, diz o autor, exceto pelo fato de que os *borderline* não estão preparados para a perda. E se a mãe freudiana da segunda tópica – ao mesmo tempo cuidadora e sexualizante – adquire, como mostramos, uma importância única, inalterável e permanente, o protótipo de todas as relações amorosas ulteriores, e torna-se, então, *objeto único*, ela (a mãe) foi, para os *borderline*, faltante e rejeitadora. "Portanto a análise", conclui Jacques André (1999/2005, p. 20, em tradução livre), "se confunde com um trabalho de luto: de separação-diferenciação-constituição do objeto e de traçado das fronteiras do eu". Acrescentaríamos, aqui, o trabalho da "construção do objeto", construção no sentido freudiano, segundo a qual o objeto se constrói como uma memória em construção. Diante do trabalho do analisando, a tarefa do analista é regular o pano de fundo. O analista deve construir aquilo que foi esquecido pelo analisando. Em seguida, ele comunica suas construções ao analisando – e a forma e o momento de comunicar constituem a ligação entre o trabalho do analista e o do analisando:

Seu trabalho de construção, ou se preferimos, de re-
construção apresenta uma semelhança profunda com
o trabalho do arqueólogo que desterra uma morada
destruída e enterrada, ou um monumento do passado.
... Entretanto, como o arqueólogo que, de acordo com
pedaços de parede que permaneceram de pé, recons-
trói os muros do edifício, de acordo com as cavidades
no chão, determina o número e o local das colunas e,
de acordo com os vestígios encontrados nos detritos,
reconstitui as decorações e as pinturas que outrora
ornamentaram as paredes, assim também o analista
tira suas conclusões dos fragmentos de memória, das
associações e das declarações ativas do analisando.
Ambos mantêm, sem dúvida, o direito de reconstruir
completando e reunindo os restos conservados. (Freud,
1937/2010b, pp. 62-63, em tradução livre)

Nessa mesma linha de discussão em torno do estatuto do objeto para os estados-limite, Pontalis (1974a) afirma, após evocar dois
exemplos clínicos que ele denomina "formas-limite", que, nessas
duas formas, a ligação é absolutamente necessária. Em relação ao
objeto, o autor formula a seguinte hipótese:

Segundo as duas modalidades propostas, o trabalho de
luto do objeto primordial não foi efetuado: o excesso
de representatividade assinala indefinidamente a per-
da do objeto, reproduzindo a sua ausência em uma
renúncia sem vida, em uma remodelação sem fim; a
atualização da fantasia, repetida, invertida em seu
contrário, voltada contra si, vêm testemunhar, por sua

marca de onipotência, a presença quase alucinatória
do objeto. (Pontalis, 1974a, p. 15, em tradução livre)

No capítulo seguinte, tentaremos ver como tudo isso que disse-mos até agora se passa na prática clínica, ou seja, seguindo exem-plos daquilo que talvez seja a confrontação que o *borderline* faz ao analista e também daquilo que pode, de dentro da clínica, ilustrar as questões em torno de um objeto que deve ser reencontrado sem jamais ter sido conhecido – no sentido sexual ou mesmo psicana-lítico do termo.

Pois, retomando as palavras de Abelhauser (2013, p. 174), tal é o uso a ser feito da clínica: "Colocar à prova o conceito levando em conta a singularidade de cada caso e despertando, assim, a prática".

4. Aplicação prática I:
os três tempos da lixeira

Tendo como ponto de partida uma concepção teórica já presente na sequência de textos tomada no capítulo anterior no que se refere à noção de objeto em Freud, trabalharemos as características do objeto freudiano em relação aos estados-limite submetendo o conceito às tensões propostas pelo tratamento psicanalítico de Ágata. Nossa intenção é verificar, a partir do interior da clínica, quais são os deslocamentos e as mudanças necessários à noção de objeto freudiana a fim de que ela possa ser útil na condução das análises dos *borderline*. Acompanhamos, em três tempos distintos do tratamento de Ágata, a maneira como a "lixeira" se constitui, em termos transferenciais, como um lugar importante que pode finalmente se tornar um continente para um alimento ruim. Observamos, também, qual sentido adquire o alimento para Ágata, em outras palavras, qual é sua posição diante do desejo materno. Notamos que uma dimensão de falta se constitui e que esta é alcançada ao mesmo tempo que a "lixeira" se constrói como objeto.

A *pesquisa do objeto*

Como afirmou Pontalis (1996), a pesquisa do objeto se situa, para Freud, no registro da repetição: "A ideia de uma nostalgia que liga o sujeito ao objeto perdido e marca o reencontro do signo de uma repetição impossível" (p. 40, em tradução livre).

Essa problemática já fora discutida por Freud em 1912, no texto *A dinâmica da transferência*. Freud começa por nos lembrar que, pelo efeito conjugado da constituição natural e da influência dos anos infantis, todo indivíduo possui uma maneira determinada de viver sua vida amorosa e seus modos de satisfação pulsional. Essa maneira é apresentada sob um tipo de clichê (às vezes mais de um), que, sublinha Freud (1912/2010), "no curso da vida é regularmente repetido, novamente impresso, na medida em que as circunstâncias externas e a natureza dos objetos amorosos acessíveis o permitem, e que sem dúvida não é inteiramente imutável diante de impressões recentes" (p. 135).

Podemos compreender a repetição de clichês como um tipo de repetição de matrizes objetais ao longo do tratamento psicanalítico.[1] Seria um conjunto de estruturas fundamentais de relação, imagens fundadoras e investidas pela libido, misturadas com as fantasias do paciente, e em uma só figura, da qual resultam certos modos fundamentais de socialização e organização subjetivas que constituem os sujeitos (Safatle, 2012).

A repetição é discutida por Freud tanto na psicanálise do inconsciente da primeira tópica (Freud, 1914/2010b) como na análise do id da segunda (Freud, 1920/2010, 1923/2011). Em 1914 (Freud, 1914/1986), a repetição implicava o retorno, para a experiência do

---

1   Uma matriz objetal é concebida aqui como o protótipo de uma repetição a partir da qual uma pré-objetalidade pode se produzir. Não há provavelmente uma "matriz objetal" sem que tenha havido antes uma experiência de perda.

presente, de fragmentos e ramificações do complexo de Édipo que foram submetidos ao trabalho do recalcamento ou, ainda, compreendia reedições do narcisismo ferido (Freud, 1914/1981). Em termos econômicos, trata-se de quotas de afetos que foram estranguladas pelo recalcamento e que, não podendo ser lembradas pelo sujeito, são atuadas de forma inconsciente (Freud, 1914/1969).[2] Na primeira tópica, o paciente repete uma situação de prazer cuja forma é ditada pelas relações edipianas.

Em contrapartida, em 1920, o que se repete são intensidades que retornam à procura de ligação. Consequentemente, a repetição é agora considerada em uma relação de continuidade com o conceito de pulsão de morte, já que o acento é sobre a necessidade de repetir um estado anterior a toda ligação, o que provoca angústia e desprazer. A partir dos anos 1920, então, a repetição implica sofrimento. O que se repete é uma experiência traumática que não encontra nenhum tipo de ligação e não pode, por essa razão, ser transformada em algo assimilável para o psiquismo. Em termos econômicos, trata-se de uma intensidade que não se pode descarregar senão por meio da repetição.

Do ponto de vista do objeto, a repetição do prazer da primeira tópica parece conter a ideia do objeto como traço da experiência de um primeiro encontro – inferido, virtual – com o outro. Com efeito, nos encontros seguintes, esse traço é procurado, desejado e repetido. A ideia central é que o primeiro encontro seja, na verdade, um novo encontro, a repetição do traço primordial de experiência com o objeto (Freud, 1905/2006). Por outro lado, a repetição do trauma da segunda tópica é consequência da ausência de traço, e

---

2 Escolhemos utilizar, em relação à abordagem econômica do recalcamento, a primeira tradução brasileira organizada por Jaime Salomão, visto que é mais esclarecedora, sobretudo no último parágrafo do texto (p. 203).

essa falta é o que produz o sonho traumático, o jogo desprazeroso da criança e a transferência negativa (Freud, 1920/2010).

Neste momento, Freud postula o conceito de pulsão de morte (e sua ligação/desligamento de Eros) como o fio condutor das experiências psíquicas. Aqui, encontramos uma primeira linha diretriz para o tratamento de pacientes cujo eu se encontra profundamente ferido, e que apresentariam um funcionamento diferente daqueles sobre os quais Freud havia baseado suas observações clínicas até então, uma vez que, nas neuroses traumáticas comuns, observavam-se a surpresa e o medo, traços que parecem incompatíveis com a existência simultânea de uma lesão ou de uma quebra, estas estando presentes nas neuroses traumáticas de guerra:

> *Até agora não se obteve plena compreensão nem das neuroses de guerra nem das neuroses traumáticas dos períodos de paz. No caso das neuroses de guerra, o fato de o mesmo quadro clínico surgir ocasionalmente sem o concurso de uma dura força mecânica teve efeito esclarecedor e, ao mesmo tempo, desconcertante; nas neuroses traumáticas comuns ressaltam duas características, que podem ser ponto de partida para reflexão; em primeiro lugar, pareciam causadas principalmente pelo fator da surpresa, do terror; em segundo, uma ferida ou contusão sofrida simultaneamente atuava, em geral, contra o surgimento da neurose. (Freud, 1920/2010, p. 168)*

Mas será apenas no texto inacabado de 1938, publicado nos anos 1940, que encontraremos uma citação em que Freud descreve algo que poderia se assemelhar aos pacientes *borderline*, embora os tenha designado como "neuróticos graves" – eles apresentam um funcionamento muito semelhante aos psicóticos, mas são mais capazes de resistir, menos desorganizados e ainda permanecem na vida real:

> *Existe, entretanto, outra categoria de doentes mentais manifestamente muito próximos dos psicóticos. Refiro--me à imensa massa de neuróticos gravemente afetados. As causas, bem como os mecanismos patogênicos, devem ser idênticos ou, ao menos, muito semelhantes àqueles dos psicóticos. Mas o eu se mostra mais resistente e menos desorganizado. Apesar dos problemas e limitações que resultam disso, um grande número destes pacientes permanece ainda na vida real; eles podem mostrar-se dispostos a aceitar nossa ajuda. São esses casos que devem nos interessar, e nós veremos mais adiante até que ponto e por quais vias nós podemos curá-los. (Freud, 1938/1949, p. 41, em tradução livre)*

Entretanto, Freud não desenvolveu seu trabalho no sentido de uma eventual mudança metodológica que colocaria acento no trabalho de um eu ainda não totalmente constituído, embora ele nos mostre um caminho, no que se refere ao trabalho terapêutico da psicanálise, no texto *Análise terminável e interminável*, apontando um possível trabalho de análise do eu (e não mais do id) em que este sofreria uma espécie de "correção": "Durante o tratamento, nosso trabalho terapêutico oscila entre um fragmento de análise do id e outro de análise do eu. Num caso desejamos tornar consciente algo do id; noutro queremos corrigir algo no eu" (Freud, 1937/1998, p. 254, em tradução livre). Ou, ainda, na conferência de 1933: "Onde era Id, há de ser Eu" (Freud, 1933/2010, p. 123).

O problema colocado pela clínica dos borderline

O que dizer da repetição das matrizes objetais nos *borderline*, os quais oscilam de humor, mudam a maneira como se apresentam a cada sessão, mutilam o corpo, apresentam rituais estranhos e frequentemente atacam o enquadre analítico, a relação analítica, trazendo todo o tempo a questão do imprevisto e do inesperado na sessão em relação ao psicanalista? Se esse modo de repetir os afasta das formas edipianas da repetição e indicam uma direção em que a constituição do objeto primordial é inexistente, o que repetem eles, então?

O estatuto do objeto em Freud

O início do trabalho com Ágata nos obriga a perguntar qual é o estatuto do objeto em Freud e em que medida isso pode abrir caminhos para o desenvolvimento de um trabalho psicanalítico com os *borderline*.

Para tanto, retomemos a noção de objeto na teoria de Freud. Temos:

1) No *Projeto de uma psicologia científica*, o adulto acolhedor[3] vai ao encontro dos gritos de apelo e de ajuda da criança:

> *A experiência mostra que a primeira rota a seguir é aquela que leva a uma modificação interna (manifestações, emoções, gritos, interações musculares). ... A excitação não pode ser suprimida por uma ação capaz*

---

3 A palavra alemã utilizada por Freud é *Nebenmesche*, que significa "o outro próximo".

de conter momentaneamente a liberação de quantidades de excitação (Qη) no interior do corpo. Esse tipo de intervenção exige que se produza uma certa modificação no exterior (por exemplo, fornecimento de alimento, proximidade do objeto sexual), uma modificação que, como ação especifica, apenas pode se efetuar por meios determinados. ... A via de descarga adquire, assim, uma função secundária ... aquela da compreensão mútua. ... Quando a pessoa que acolhe executou para o ser impotente a ação específica necessária, aquela que se encontra em condições, graças às suas possibilidades reflexas, de realizar imediatamente, no interior do corpo, aquilo que exige a supressão do estímulo exógeno. O conjunto desse processo constitui uma "experiência de satisfação" que tem, para o desenvolvimento funcional do indivíduo, as mais importantes consequências. ... Assim, a satisfação resultou num freio entre as duas imagens mnêmicas (a do objeto desejado e a do movimento reflexo) e os neurônios nucleares que foram investidos durante o estado de tensão. ... Durante a descarga causada pela satisfação, a quantidade (Qη) flui também fora da imagem mnêmica. Quando reaparece o estado de tensão ou de desejo, a carga se transmite também às duas lembranças, reativando-as. É bastante provável que seja a imagem mnêmica do objeto a primeira a ser alcançada pela reativação. Essa reação, estou convencido, fornece em primeiro lugar alguma coisa análoga à percepção, ou seja, uma alucinação. Se algum estímulo ao ato reflexo se produz então, uma decepção se produz inevitavelmente. (Freud, 1895/2009, pp. 336-337, em tradução livre)

O objeto é descrito na passagem acima como uma imagem de recordação, reanimada pela revivescência de um desejo depois que a primeira experiência de satisfação foi realizada, e na qual o objeto está, então, ausente, perdido; ele retorna apenas por meio de sua imagem.

Além disso, Freud descreve, um pouco mais adiante no texto, aquilo que ele compreendeu como o trabalho de rememoração: um trabalho de percepção do objeto em que aquilo percebido como um gesto de outra pessoa é composto tanto pelo que permanece como coisa (traço) como por uma comunicação vinda do próprio corpo. O objeto é, efetivamente, uma experiência interior, percebida por meio dos instrumentos corporais.

Mas outras percepções visuais (por exemplo, os movimentos da mão) lembrarão ao sujeito as impressões visuais que lhe causaram os movimentos de sua própria mão. ... O mesmo acontecerá para outras percepções do objeto. Assim, quando o sujeito grita, ele se lembra de seus próprios gritos e revive suas experiências dolorosas. O complexo do outro se divide, então, em duas partes, uma dando a impressão de uma estrutura permanente e permanecendo um todo coerente, enquanto a outra pode ser compreendida graças a uma atividade de memória, ou seja, atribuída a uma notícia que o próprio corpo do sujeito enviou. (Freud, 1895/1979, pp. 348-349, em tradução livre)

2) Em *Interpretação dos sonhos*, Freud (1900/2010) especula que, se retornarmos a um estágio anterior do desenvolvimento do aparelho psíquico, em que a primeira estrutura adotada é a do aparelho reflexo, podemos levantar a hipótese de que este permitiria evacuar, por uma via motora, uma excitação que chegou até ele. Assim, continua o autor:

> *A urgência da vida se aproxima primeiro dele sob a forma de grandes necessidades corporais. A excitação introduzida por uma necessidade interior vai encontrar escoamento na motilidade, que podemos designar como "mudança interior" ou como "expressão do movimento afetivo". A criança que tem fome, completamente indefesa, vai gritar ou se contorcer. Mas a situação permanece inalterada, pois a excitação que procede da necessidade interior não corresponde a uma força que teria atingido momentaneamente, mas a uma força que age continuamente. Só pode haver mudança a partir do momento que, de uma maneira ou de outra, é feita na criança, graças à ajuda do outro, a experiência de satisfação, que abole o estímulo interno. Um componente essencial dessa experiência é o aparecimento de uma certa percepção (o alimento, por exemplo) cuja imagem mnêmica permanece, portanto, associada ao traço de memória da excitação da necessidade. Quando essa necessidade intervém ulteriormente, será produzido, graças ao laço construído, um movimento psíquico visando investir novamente essa mesma percepção e então, estritamente falando, visando reconstruir a situação da primeira satisfação. O que designamos desejo é um movimento desse tipo;*

152 APLICAÇÃO PRÁTICA I

> *a reaparição da percepção é a satisfação do desejo. ... Essa primeira atividade psíquica visa, então, a uma identidade de percepção, ou seja, à repetição da percepção ligada à satisfação das necessidades ... como acontece efetivamente, aliás, nas psicoses alucinatórias e nas produções imaginárias ligadas à fome, que esgotam seu desempenho psíquico na firme manutenção do objeto desejado. (Freud, 1900/2010, pp. 608-609, em tradução livre)*

Observamos, novamente, que a experiência de satisfação abole o estímulo interior provocado pelo objeto e inscreve no psiquismo esse objeto em forma de lembrança. Quando uma nova necessidade se apresenta, o objeto retornará como uma alucinação, a única forma de manter o objeto que não está mais presente.

3) Passamos também pelo encontro com o objeto em *Três ensaios sobre a teoria da sexualidade* (Freud, 1905/2016) – com o advento do autoerotismo e do narcisismo primário:

> *Quando a primeiríssima satisfação sexual ainda é vinculada à ingestão de alimento, o instinto sexual tem um objeto fora do próprio corpo, no seio da mãe. Ela o perde somente depois, talvez justamente na época em que se torna possível, para a criança, formar uma ideia total da pessoa a quem pertence o órgão que lhe traz satisfação. Então, o instinto sexual se torna, por via de regra, autoerótico, e somente após a superação do período de latência é restabelecida a relação original. Não é sem boas razões que a criança a mamar no seio da mãe se tornou o modelo de toda relação*

amorosa. *A descoberta do objeto é, na verdade, uma redescoberta. (Freud, 1905/2016, pp. 142-143)*

E se observamos o modo como Freud retoma a questão em 1916, na lição 26, vemos aparecer o caráter de freio e de adiamento no tempo da sexualidade no qual o objeto (corpo próprio) se vê inserido, caráter que implica, então, o *après-coup*, ou seja, a ausência e o trabalho do recalcamento:

> *Foi impossível não recordar, da história educativa da libido objetal, que inicialmente muitos instintos sexuais se satisfazem no próprio corpo – de forma autoerótica, como dizemos –, e que essa capacidade para o autoerotismo é a razão para que a sexualidade se atrase na educação para o princípio da realidade. Assim, o autoerotismo seria a prática sexual do estágio narcisista da alocação da libido. (Freud, 1916/2014, p. 550)*

4) Considerando o objeto da fobia, que adquire seu caráter mutável por meio do deslocamento e da substituição impulsionados pela angústia de castração, este também implica uma perda, ou uma distância, entre pulsão e objeto em sua constituição. Freud inicia o relato do caso do *Pequeno Hans* se retratando no que se refere a algo que ele havia afirmado anteriormente, em 1905, em relação à escolha de objeto. No momento em que o autor discute a existência de uma corrente homossexual na vida psíquica, ele afirma:

> *É inadmissível diferenciar um instinto homossexual peculiar; o que constitui o homossexual não é uma peculiaridade da vida instintiva, mas da escolha de objeto. Lembro ao leitor aquilo que expus nos Três*

ensaios sobre a teoria da sexualidade: *que errada-mente imaginamos como bastante íntimo o nexo entre instinto e objeto na vida sexual. (Freud, 1909/2015, pp. 243-244)*

Freud compreendia a fobia de Hans como um exemplo do ca-ráter abrangente que adquirem as configurações da libido durante o seu desenvolvimento, a partir de experiências autoeróticas em direção à relação de objeto.

Na fobia de Hans, o medo de cavalos foi evocado por fantasias ligadas ao complexo de castração. Na verdade, seu medo corres-pondia a um forte desejo recalcado, uma vez que "O anseio pode ser totalmente transformado em satisfação se lhe conduzem o ob-jeto ansiado" (Freud, 1909/2015, p. 148).

Ora, o complexo de castração implica de cara a perda da mãe, ou a ameaça da perda, como o mecanismo do recalcamento se as-socia à falta. É por essa razão que Freud rejeita a hipótese de uma psicose e trabalha com a construção de uma neurose.

Hans, argumenta o autor, era o pequeno Édipo que queria ma-tar o pai ao mesmo tempo que o amava. Ele queria se livrar do pai a fim de ficar finalmente sozinho com a mãe e, assim, poder dormir com ela. Observamos a ação do recalcamento com o intui-to de evitar ao máximo o contato com o complexo que foi a fonte da libido, com a ereção de barreiras psíquicas como precauções, inibições e interdições. A fobia nada mais é do que uma estrutu-ra protetora em que o objeto pai é substituído pelo objeto cavalo: "Com isso interpretei-lhe em parte o medo ante os cavalos, o pai tinha de ser o cavalo que ele temia com boa motivação interna. Certas peculiaridades ante as quais Hans manifestava o medo ...

pareciam-me transportadas diretamente do pai para os cavalos" (Freud, 1909/2015, pp. 257-258).

Em seguida, como o mundo fantasmático de Hans continua em ação e graças à flexibilidade e à ambiguidade das cadeias associativas, pai e mãe são substituídos por girafas: "O disfarce na fantasia das girafas foi determinado pela visita feita a esses grandes animais em Schönbrunn alguns dias antes" (Freud, 1909/2015, p. 256). E, conclui Freud, "é muito instrutivo abordar assim detalhadamente uma fobia e adquirir a sólida impressão de que entre o medo e seus objetos há uma relação produzida de forma secundária. Daí a natureza particularmente difusa e também rigorosamente condicionada de uma fobia" (Freud, 1909/2015, p. 259).

Portanto, seja pela "comunicação" estabelecida na relação com o outro, o que indica que a mente está condenada a se construir no interior desta relação (Freud, 1895/2009); seja por meio da perda da satisfação do desejo que deixa no psiquismo um traço mnêmico (Freud, 1900/2010); seja pela saída do estado oceânico e pela formação do eu a partir de uma nova ação psíquica aspirada pelo corpo fragmentário do autoerotismo (Freud, 1905/2016); seja por uma defesa contra o objeto conduzida pela angústia de castração – angústia relacionada à perda de amor da mãe – de modo que haja um deslocamento do objeto da angústia, que é relançada a um objeto substituto causando a fobia, uma solução para o abismo entre a criança e a mãe (Freud, 1909/2015); por qualquer uma dessas razões, a posição do objeto freudiano nos textos citados implica simbolização, representação e mobilidade (substitucionalidade), características que engendram falta, nostalgia, angústia e conflito.

Primeiro tempo da lixeira

Entretanto, as coisas não se passaram dessa maneira com Ágata. O caráter negativo do objeto, ligado à falta e à perda originárias, parece estar ausente nos objetos atualizados por Ágata no momento que ela inicia a análise. Entre ela e sua mãe não há nada, de tal maneira que ela materializa essa indiferenciação retirando seu próprio sangue e o armazenando, a fim de encontrar formas em seu interior.

Quando entramos na sala de análise, estendo a mão para cumprimentá-la, gesto ao qual ela responde. Sentada na cadeira – as sessões neste momento se passavam no hospital –, observo que ela traz um pacote com comida. Comento: "Você trouxe um alimento". Ágata responde: "Sim, o café da manhã, não comi nada ainda, mas está ruim, vou jogar fora".

Ágata está deprimida e se queixa de ter sido abandonada por seus médicos. Sente-se impotente e diz que gostaria de morrer. Conta que ia alimentar os gatos do Vale do Anhangabaú (região central de São Paulo) que haviam sido abandonados, sem alimento, e que viviam na rua, na noite fria.

Essa primeira sessão é muito tensa. Ágata rejeita minhas aproximações, bem como minhas tentativas de segui-la e compreendê-la. No fim da sessão, ela se levanta e me pergunta onde fica a lixeira para jogar sua comida estragada.

Respondo, de maneira desajeitada, tentando ter em mente a função tranquilizadora do objeto bom: "O que houve entre nós não foi um alimento a se jogar fora". Errei. E ela tem uma reação surpreendente: com lágrimas nos olhos e, ao mesmo tempo, muito brava, ela diz que jogaria o lixo em outro lugar, mesmo eu tendo lhe apontado a lixeira dentro da sala. Ela sai da sala batendo a porta.

A garantia verbal de que, naquele momento, algo de "bom" havia acontecido caiu no vazio. Parecia, ao contrário, que havia se tornado uma fonte ainda maior de angústia. Angústia arcaica, sem dúvida diferente da angústia de castração que inclui o sofrimento ligado à perda do objeto.

A única atitude possível de minha parte era aguardar a possibilidade de, ao menos, olhá-la. De minha parte, eu precisava repensar o modo como eu compreendia este impasse, sob pena de perder a paciente.

Segundo tempo da lixeira

Um dia, ao longo do quarto ano de análise, Ágata chega atrasada. Traz consigo o achocolatado que havia recebido por participar do estudo. Diz: "Sou sempre atropelada pelas pessoas, ninguém me entende, os médicos sempre me abandonam, não se preocupam comigo".

Eu: "Sim, enfrentar a realidade é algo muito difícil".

Ágata arremessa com força o achocolatado na lixeira da sala. Ela está muito brava.

Eu: "Você está brava comigo porque as coisas são como são".

Ela termina a sessão dizendo que vai se suicidar.

Uma noção de alteridade começa a se esboçar: a separação é almejada e, ao mesmo tempo, Ágata assume uma posição ativa em relação à alteridade. Rejeitando o achocolatado, ela se opõe a um estado passivo diante do outro.

Terceiro tempo da lixeira

A constituição da perda e, portanto, de um circuito simbólico, e a possibilidade de substituir os objetos são adquiridas por Ágata ao longo da análise. De modo que, ao longo do quinto ano de trabalho analítico, ela chega um dia em meu consultório dizendo que havia comprado uma capa para proteger seu colchão. Desde a época que ela retirava seu sangue, seu colchão estava todo manchado. Precisava, então, comprar uma capa. Pergunta se pode jogar a embalagem em minha lixeira, mas acha que esta é muito pequena, que não há espaço para jogar toda a embalagem. Passa, então, a sessão a rasgar a embalagem em pequenos pedaços, enquanto me conta que havia parado de retirar o sangue. Sublinha que esta é uma mudança e tanto. No fim da sessão, Ágata joga os pequenos pedaços de papelão em minha lixeira. Há, agora, espaço suficiente para que ela jogue sua sujeira em minha lixeira.

Discussão e questões

Observamos que, em seu primeiro tempo, o objeto (lixeira) não podia conter o objeto (sujeira). Se, no interior do eu, não há esta espécie de dobra, a pele autoerótica que marca os limites – entre os objetos, entre as instâncias do eu, entre o eu e o exterior –, a impossibilidade da alteridade se impõe ao psiquismo. Pois o outro, não estando separado do eu, não pode receber nem dar livre curso aos ataques vindos do eu. De fato, a noção do eu não parece estar estabelecida e, como consequência, tampouco a noção de objeto. Há, então, uma confusão que não permite o desligamento do objeto nem a ligação com ele.

No segundo tempo, a lixeira é um objeto que pode receber um objeto (achocolatado). O gesto de jogar com vigor o objeto-achocolatado dentro da lixeira (mãe) condensa o desejo de se separar veementemente do corpo da mãe com a impossibilidade de fazê-lo completamente. Essa condição de separação implica já, entretanto, uma ruptura, um corte, uma força que seja capaz de separar e de colocar o objeto à distância em relação ao eu. Se o eu ainda não pode se distanciar efetivamente do objeto, ele pode perceber a urgência dessa separação, mesmo que esta não seja ainda completamente clara. O trabalho de corte está ainda por ser feito. Senão, resta apenas a passagem ao ato: o corte faz-se sobre o corpo.

No terceiro tempo, a lixeira, constituída como matriz, compreende a mãe, a analista e, nesse mesmo movimento, o eu da paciente; essa matriz (ou esse objeto) pode agora se ver separada do eu e pode conter seu ódio e seu amor. O objeto não é algo dado naturalmente. Ele precisa ser procurado e construído lá onde se encontra a menor distância entre eu e outro, palavra e sentido, interior e exterior. Trata-se, portanto, de uma questão de limites.

O caráter autoerótico do objeto parece ter se tornado mais presente ao longo dos anos e por meio da repetição das reações direcionadas à "lixeira" – em consequência da permanência do enquadre, muito mais que qualquer outra coisa que eu tenha dito ou realizado. É preciso lembrar, aqui, que não há contradição, de acordo com o nosso modo de compreensão, entre o autoerotismo e a relação de objeto. Como observa Pontalis (1996): "Notemos que a posição autoerótica não implica de modo algum que não haja objeto, mas que o outro não está constituído" (p. 45). Houve uma mudança na posição de Ágata em relação ao objeto. Um caminho em direção ao objeto, passando pela constituição do eu, foi traçado.

Além disso, supomos que fantasias puderam se constituir ao redor de uma matriz – a lixeira – a qual, no início, se parecia mais com uma *coisa* que com um objeto. Ágata parece ter construído a matriz para que esta pudesse ser repetida. Fantasia concebida, aqui, como uma maneira de ligar os traços mnêmicos a experiências do presente, como possibilidade de rememoração do trauma para uma abertura de significações que podem ser construídas. Ou seja, a fantasia como lugar onde se cria uma cena, a cena traumática destinada a ser repetida.

A partir de repetições estéreis e patológicas que eram, inicialmente, uma busca de repetição de *coisa alguma*, seguimos a criação de um traço de repetição que é, paradoxalmente, uma constante diferença. O traço é o mesmo – a matriz, a lixeira (uma mãe que pode conter a sujeira) –, mas as repetições adquirem significações diferentes conforme as perlaborações são instaladas no processo. São pequenas mudanças, mas que modificam todo o efeito.

Questões e hipóteses em torno do objeto em Freud no que diz respeito aos borderline

A hipótese é que, no início do processo de análise, os *borderline* executem a repetição de coisa alguma (não coisa). Talvez eles procurem ainda o caminho a repetir. Em outras palavras, a matriz objetal deve ainda ser criada. Há nesses pacientes sinais do caráter incerto da própria noção de objeto. Há neles algo que ocorreu de fato, mas que não foi experienciado (André, 1999).

A "lixeira" é a matriz objetal que foi construída e condensa uma tripla construção: da paciente com o objeto (o psicanalista, a mãe, o outro); da paciente com a psicanálise como processo; e da paciente com seu próprio eu. No início, a experiência de alteridade era dual e passiva. A partir de um longo tempo de exposição à presença e à ausência do outro, a relação de alteridade se transforma em uma experiência ativa.

Algumas questões permanecem: do lado do objeto, no início do tratamento, fomos confrontados com um objeto insubstituível e indispensável para a existência de Ágata. O conflito se (re) produz de forma evidente entre Ágata e a analista – eu e objeto. Como afirma Green (1982/1990), há algo que se passa mal nas relações com os outros, como se houvesse algo errado antes. Por causa de falhas precoces e severas ao longo da diferenciação (limites) em relação com o objeto, este último não pôde ser negado para ser, em seguida, incorporado, assimilado e introjetado. Segundo Green, o trabalho estruturante do negativo falhou. Como consequência, ele se perde e libera a função desobjetalizante da pulsão de morte. Esta ataca as possibilidades de investimento no objeto e no eu, de modo que seguimos a angústia de separação e de intrusão como marcas irrefutáveis do conflito com o objeto que não pode permanecer nem se afastar.

Entretanto, o que observamos ao longo dos três tempos da lixeira é que, à medida que resiste aos ataques destrutivos e à autodestruição da paciente, a analista não otimista, mas obstinada, acaba por resistir às tendências desobjetalizantes das quais ela era o alvo.

E, ainda de acordo com Green (1983/1984), a manutenção da constância do enquadre, ou seja, a capacidade da analista para resistir aos ataques, é o que permite que o próprio enquadre seja simbolizado. No interior da relação dual analista/paciente, há um duplo jogo de processos primários e secundários e, ao mesmo tempo, um trabalho de tecer e de destecer da pulsão em relação ao objeto. Os processos de objetalização e desobjetalização abrem novas possibilidades para que um objeto de outra ordem seja criado. A partir de uma realidade terciária que é vivida em relação aos

162 APLICAÇÃO PRÁTICA I

objetos transicionais, os objetos da realidade psíquica e material são substituídos pelo objeto da linguagem – o outro do objeto. E o sujeito se torna, por sua vez, um sujeito que brinca:

> *O enquadre carrega em si a possibilidade de fazer vir à tona o outro do objeto, aquele que se materializa pela presença da representação sobre a percepção e o ato e, no seio do sistema representativo, pela vetorização da representação do objeto em direção à representação de palavra, na presença do outro, invisível e intocável. (Green, 1983/1984, p. 122, em tradução livre)*

Quase dez anos antes, em um relatório apresentado à IPA (Green, 1974/1990), Green propôs que as mudanças com as quais a psicanálise é confrontada atualmente são devidas ao fato de que o analista escuta hoje aquilo que estava até então inaudível; o analista escuta outra coisa que não ultrapassava a fronteira da audibilidade. As análises dos pacientes *borderline* mostram, diz o autor, que o enquadre, que normalmente revela sua existência apenas pela falta, por uma presença silenciosa, faz-se então notar. As análises dos *borderline* ocorrem não entre duas pessoas, mas entre objetos, já que esses pacientes não conseguem utilizar o enquadre como um facilitador do processo de simbolização. Em consequência, o trabalho analítico só é possível pela contenção do enquadre e pelas garantias oferecidas por sua constância, que se assemelham, aqui, à contenção da pessoa. O estabelecimento do enquadre é o que permite o nascimento de uma relação de objeto na medida em que um espaço é construído entre o paciente e o analista, espaço limitado pelo enquadre, que se rompe a cada separação e se reconstitui a cada encontro. É a elasticidade do enquadre analítico que permite procurar e preservar as condições para a simbolização – pela simples introdução de um elemento terciário nessa dualidade comunicativa.

Pierre Fédida (1978/2005a) observa que a pesquisa psicanalítica sobre o conceito de objeto não pode se dispensar de colocar a questão do sentido. Como encontramos ou construímos ou oferecemos um sentido à experiência? Essa elaboração, segundo o autor, se realiza sob a referência do brincar e do sentido, ou seja, a criação poética da palavra no tratamento. É a voz que permanece ao contato estético com a coisa elementar. A realidade da coisa – anterior à sua constituição perceptiva e conceitual em objeto – é um aspecto tonal (esteticamente completo) imediato dessa fala corporal na qual tem lugar a criação poética. "A vista, o toque, o gosto, o olfato confiam seus sentidos a esse eco sonoro da coisa. A voz é uma tal vibração do corpo por inteiro: a zona erógena por excelência" (Fédida, 1978/2005a, p. 148, em tradução livre). Fédida toma emprestada a palavra "objeu" do poeta Francis Ponge (1899-1988) para designar o encontro entre o jogo (o brincar) e o objeto. Ele afirma que o espaço de um tratamento corresponde precisamente àquilo que pode surgir entre palavras e coisas, lá, então, onde o objeto pode encontrar o brincar.

Além disso, a confusão de fronteiras (dentro/fora, não eu/eu, interior/exterior) é a consequência de uma falta? De um excesso? Excesso de exterior, excesso de estrangeiridade dificilmente metabolizável (André, 1999)?

Em termos pulsionais, nos funcionamentos "fronteiriços", diferente do que ocorre com os neuróticos estudados por Freud até então, o objeto parece haver perdido o caráter de substitucionalidade e de falta mencionado nos textos citados no início do capítulo escritos antes de 1920.

De fato, após a conceitualização da pulsão de morte, Freud introduz, em *Introdução ao narcisismo* (1914) e *Luto e melancolia*

164 APLICAÇÃO PRÁTICA I

(1917), as noções de permanência e de representação de objeto. No primeiro, o autor afirma que as escolhas de objeto se fazem por apoio ou por um viés narcísico. Em ambos os casos, de todo modo, a escolha é marcada pela primeira experiência de satisfação que deixa um traço mnêmico no psiquismo. O caráter variável do objeto é, aqui, relativizado. No texto de 1917, ao descrever a experiência do luto, Freud afirma que o objeto perdido permanece no psiquismo. Ele é quase insubstituível, mesmo fixo.[4]

Efetivamente, como afirma Jacques André (1999/2005), a clínica *borderline* nos leva a enfrentar uma mente que desafia a mobilidade e recusa a mudança. Os *borderline* nos colocam diante de um trabalho de luto impossível, em torno de um objeto primordial que nunca foi vivenciado, nem perdido, e a interpretação psicanalítica parece não funcionar para eles. O autor compreende a existência da própria psicanálise, no que se refere às relações de objeto, como sexual. É a maneira de tornar o trabalho de luto possível e a transferência, interpretável.

Em termos pulsionais, pode ocorrer que, nos funcionamentos fronteiriços, diferentemente dos funcionamentos autísticos ou dos psicóticos, o que está em ação é um sexual em excesso, de uma forma positiva que "trabalha" contra a realização de certas funções psíquicas.

A mãe que alimenta transporta o sexual no interior mesmo desse gesto, pois, ao aleitar, ela oferece à criança sentimentos trazidos de sua própria vida sexual (Freud, 1905/2016). A mãe é, de todo modo, invasiva; talvez ela seja mesmo sempre invasiva. Do seu lado, a criança encontra nessa troca uma forma contínua de excitação e de satisfação sexual. Então, o seio ingerido pela criança não se contenta somente em nutrir, mas experimenta, ao mesmo

---

4 Para uma discussão mais detalhada sobre este aspecto, remetemos o leitor ao capítulo precedente.

tempo, seu próprio prazer. A mãe freudiana, protegida pelo recalcamento, vê afeto lá onde acontece sua própria sexualidade. Entretanto, esse limite, essa barreira erguida pelo recalcamento, uma vez vivenciada, une e separa sedução e destruição.

Por esse motivo, o anseio nunca mais será expressão bruta da necessidade, pois será sempre complicado pelas impressões deixadas pelo inconsciente maternal (André, 2011b). O desejo, diz Jacques André, é hipotético, conjuga o passado-futuro no condicional. Ele fala a língua primitiva da fantasia. Já a necessidade não tem tempo, só o aqui e agora. Ela nada encena, ele é real.

É por essa razão que podemos afirmar, em relação à temporalidade do trauma, que ela se situa no meio de dois tempos: entre o recalque originário e o pós-recalcamento, atualizados pela transferência. Lá onde a excitação pura se transforma, *après-coup*, e não menos modificada pelo autoerotismo, em uma cena, a primeira cena do segundo tempo do trauma, ou, ao contrário, a segunda cena do primeiro tempo do trauma.

O sexual como força destrutiva nos funcionamentos fronteiriços

Como mostra Jacques André (2010), há uma mudança, no que concerne ao sexual infantil, da primeira para a segunda tópica. Na primeira tópica, supondo que o sonho seja a busca de satisfação do desejo, o sexual infantil é o seu único e verdadeiro conteúdo. Na segunda tópica, ao contrário, Freud se dá conta de que, em algumas situações traumáticas, o sexual passa para o outro lado: não mais conteúdo, ele se torna operador, transformador, força de trabalho. Assim, a segunda tópica parece ter deslocado o sentido do

166 APLICAÇÃO PRÁTICA I

sexual, talvez até mesmo o tornado mais complexo. De objeto, de investigação, de análise, o sexual se torna, antes, o meio.

A mãe freudiana amamenta a criança ao mesmo tempo que a abraça e a cobre de beijos. Pode ocorrer que ela exagere e que esse amor maternal se estenda para uma afeição veemente, a criança se tornando nada menos que um objeto "transicional".

Um modo de pensar, sempre baseado na segunda tópica freudiana, é o sexual por meio da "mãe greeniana". De acordo com André Green, a criança que tem os primeiros cuidados realizados por uma mãe "psicótica, louca ou deprimida" traz as marcas, invisíveis e silenciosas, de um excesso de excitação sexual. Como consequência, há uma confusão entre as fronteiras do eu, que acarreta falhas na estrutura do quadro e na constituição do narcisismo primordial.

Tomemos agora a leitura de Jean Laplanche (1999). Acreditamos que ela nos ajude a pensar essa força destrutiva que tentamos sublinhar aqui como uma ação positiva, e não como falha, defeito etc. Laplanche chama nossa atenção para o que, de acordo com ele, é o ponto em que se situa a grande descoberta freudiana. Segundo a tese de Freud (1914/2010a), profundamente nova nas palavras de Laplanche, seria preciso admitir que, ao lado da sexualidade anárquica, autoerótica e não ligada, existe também outra, solidamente ligada no amor pelo objeto. E, continua Laplanche, o primeiro objeto no qual podemos encontrar esta ligação, o primeiro objeto total é o próprio eu. Aqui, estamos falando de Eros (e não do erótico). O eu unifica as pulsões sexuais, tanto suas porções não ligadas como aquelas ligadas, e é, ele mesmo, um objeto unitário. O eu toma para si os interesses da pulsão de autoconservação. A pulsão de morte nasce, então, a partir de um desenvolvimento teórico das pulsões de autoconservação. Esse Eros, ao mesmo tempo narcísico e objetal, quer incorporar tudo. Ele oculta a presença de mecanismos biológicos autoconservadores. Ele não mais permite levar em conta os aspectos desestabilizantes e destrutivos do sexual em si, pois está também a serviço da autoconservação.

Conclusão: há na essência da sexualidade algo de contrário e de hostil ao eu. A pulsão de morte nada mais é que a instauração do polo indomável da sexualidade. E a polaridade seria entre as pulsões sexuais de morte e as pulsões sexuais de vida; entre os processos não ligados, primários, e os processos ligados, secundários; entre o princípio de ligação e o princípio de desligamento.

De uma maneira ou de outra, o que parece estar em ação nos funcionamentos fronteiriços é uma sexualidade portadora de destruição. Como se a criança fosse invadida por uma angústia quando sua mãe fica muito tempo longe, e que isso não fosse indissociável de um ataque pulsional interno que o eu imaturo não consegue conter. Um ataque que intrinca anseio e destrutividade. Como se as duas faces de Eros colocassem o objeto como vítima de um círculo vicioso ao redor do qual os investimentos e os desinvestimentos da pulsão sexual terminam por aprisionar o sujeito em um processo cujo limite é a própria existência.

É a parte mais fragmentada do sexual, um "resto de Eros" que Freud aproxima mais à pulsão de morte na segunda tópica. Trata-se de uma mistura indiscernível entre gozo e destruição, como encontramos em certos quadros de anorexia. É a manifestação de um resto do sexual, que é pura descarga e se esvazia por esta a fim de se livrar de um excesso de excitação ilimitado. Se falamos antes de um excesso de excitação que procura um traço que não existe, agora se trata mais de uma força que trabalha contra a continuidade e o encontro de limites e obstáculos. Uma força que quer se sobrepor a tudo, inclusive ao objeto, até à morte.

Então, o sexual infantil é, ao mesmo tempo, o determinante do conflito psíquico e aquilo que mantém as capacidades de

168 APLICAÇÃO PRÁTICA I

transformação da própria vida psíquica, sua plasticidade – aquilo que pode levar à mudança psíquica. Ele é, em um extremo, a criança perversa polimorfa em sua multiplicidade de fantasias e, no outro extremo, ele é aquilo que congela a vida sexual em uma só fantasia – a compulsão à repetição.

O tratamento psicanalítico visa, talvez, durante seu curso, restaurar a plasticidade do sexual o reinventando a cada sessão, a partir e do interior do enquadre analítico. Nas palavras de Jacques André (1999/2005), o desafio colocado pelos fronteiriços para a prática, a teoria e o método psicanalíticos é o de transformar sua dor em uma dor interpretável, ou seja, uma dor sexual.

5. Aplicação prática II: do Vale do Anhangabaú à favela

Nosso objetivo, neste capítulo, é discutir a construção de objeto como construção de um espaço simbólico do sujeito, um *chez soi*.[1] Para tanto, retomaremos mais uma vez o processo psicanalítico de Ágata e nos concentraremos em exemplos que ilustram as transferências e suas extensões "para fora" da sala do analista, ou seja, a inscrição e a escrita de Ágata como sujeito e sua história narrada em certos lugares da cidade de São Paulo. Observamos, a partir da criação de três cenas distintas, um caminho em direção à criação de metáforas nas quais a presença do terceiro é progressivamente esboçada. Tomaremos também exemplos do cinema e da literatura a fim de ampliar a discussão.

Partimos da seguinte questão: temos a necessidade da patologia para pensar o singular na contemporaneidade? Outra maneira de formular essa questão seria perguntar como é possível recuperar o aspecto psicanalítico, ou seja, singular e individual, no tratamento dos *borderline*, cujas manifestações sintomáticas se compõem

---

1   Expressão da língua francesa que pode ser traduzida em português como "sua casa", "seu lugar", ou "si mesmo".

menos por organizações conflituais neuróticas (como aquelas das histéricas) e mais por passagens ao ato, ao vazio, ao informe, ao imprevisto? Seriam essas manifestações reveladoras de uma patologia que avança para além do individual e abarca a organização cultural e social, bem como as doenças contidas nos laços sociais de toda uma época?

Para responder a essa questão, ou antes, considerando as questões que a elas se seguem, tentaremos nos lançar em uma pesquisa em que seguiremos o tratamento psicanalítico de Ágata cujo movimento se faz, desta vez, do interior para o exterior, no sentido de uma expansão dos aspectos transferenciais para fora da sala de análise, em direção ao meio que a cerca. Faremos esse caminho a fim de encontrar certos aspectos que dizem respeito à posição subjetiva ocupada por Ágata lá onde eles fazem sua escritura, ou seja, em certos lugares não habitados da cidade de São Paulo.

A transferência em extensão

A importância desse tratamento psicanalítico reside largamente no investimento multidisciplinar recebido por Ágata, naquilo que ele oferece como experiência subjetiva. Ágata passa a receber cuidados de uma "grande mãe" – a instituição universitária, provedora e protetora.

O que é ao mesmo tempo notável é a extensão das consequências da relação transferencial: é por meio da ligação com a analista – e dos movimentos de ausência e presença que estão no interior da dinâmica que a relação transferencial engendra – que Ágata pode reconstruir, ao longo do tempo, ligações que vão além da sala de análise.

A noção de progresso da espiritualidade

É necessário observar, desde já, que, se evocamos aqui as noções de avanço e melhora, estas não são entendidas dentro de uma sucessão de tempos mensuráveis. Nossa escolha por selecionar quatro tempos do tratamento de Ágata também não implica a perda da noção do caráter imutável do tempo. Contrariamente à noção kantiana que supõe a espacialização do tempo, tentar organizar eventos em um determinado tempo não significa de forma alguma organizá-los como uma sequência de fatos que se desenvolvem em um espaço determinado. Bem ao contrário, a temporalidade, a nosso ver, contém outra forma de presença do objeto: este se encontra sempre em tensão entre a expectativa que ele abre e aquilo que a experiência passada utiliza para tentar fazê-lo presente. Pensar os objetos no tempo implica, como consequência, pensar algo que, de certo modo, não é.

Na esteira desse raciocínio, encontramos a reflexão de Freud sobre o progresso da espiritualidade (Freud, 1939/1986). Este ocorre, segundo o autor, por meio de uma série de etapas que se relacionam com a trajetória do sujeito na sua entrada na esfera da cultura. A entrada na esfera da cultura se faz graças a uma renúncia pulsional, um adiamento do prazer imediato obtido como resultado da satisfação das necessidades em favor de uma liberação de energia pulsional que pode ser religada de outras formas, de maneira a levar o sujeito a trabalhar, estudar e viver em sociedade. A vida é o resultado da fusão pulsional. Com efeito, em todas as manifestações vivas, Eros e a pulsão de morte se mesclam e se separam em vários investimentos e desinvestimentos pulsionais. Um dos resultados dessa agitação/tensão é a doença, a qual Freud associa à culpabilidade própria à entrada do sujeito na vida em grupo.

172 APLICAÇÃO PRÁTICA II

Entretanto, Freud se confronta com o seguinte problema: como se passou a primeira renúncia pulsional? Freud postula, então, que há um primeiro recalcamento – o recalcamento originário – orgânico, resultado da dinâmica biológica, que dá origem e, ao mesmo tempo, polariza o conjunto dos recalcamentos que se seguem – estes secundários, o resultado das exigências que nos são impostas por nossos pais.

Pierre Fédida (2000/2001) retoma a questão – como se produz a passagem para a cultura? – formulando-a da seguinte maneira: "*Par où commence le corps humain?*" ["Por onde começa o corpo humano?"]. O autor parte da noção de Bataille segundo a qual há, no início, apenas o "informe da carne", um estado de putrefação, de degenerescência, de decadência. O ser humano progride por meio do deslocamento de um eixo boca/ânus, próprio aos animais de quatro patas, para o eixo boca/olho do rosto humano. Este último seria ligado à verticalidade do ser humano e à sua capacidade de falar, a boca sendo também definida em relação ao poder de expressão do ser humano. O primeiro eixo – boca/ânus –, função da horizontalidade do animal, concebe a boca como o elemento central do sistema de caça, matança e ingestão da presa, da qual o ânus é a outra extremidade.

Por meio desse processo de verticalização do eixo humano, na passagem para o andar sobre as duas pernas, há a perda do odor, a atrofia do sistema olfativo e a abertura para a visão. O erotismo anal sofre, assim, um recalcamento orgânico que prepara o caminho para a cultura.

Entretanto, diz Fédida, a evolução natural não é alcançada trazendo completamente de volta a boca para o rosto. "Este conservará, apesar do olhar e da expressão, essa violência de órgão, entretanto mantida e marcada pelo ornamento dos lábios" (Fédida, 2000/2001, p. 30, em tradução livre).

Como consequência, nessa propulsão fantasmática que funda o autoerotismo a partir da autoconservação alimentar, não é mais possível situarmos onde começa o corpo, pois a angústia procura sempre essa forma informe no orgânico da carne. Nesse sentido, o analista trabalha com a própria angústia em uma regressão para o infinito do início do corpo humano.

Retornemos a Ágata. Em seu trajeto ao longo do tempo não linear, ela se desloca sobre uma estrada em movimento pendular, da filogênese à ontogênese – e ao informe da carne – e vice-versa. Ao fazê-lo, ela refaz o caminho do autoerotismo. Talvez o sucesso de sua análise venha daí: percorrer uma estrada em direção ao início, não espacial, mas temporal, uma estrada que teve lugar no passado, mas que se encontra também no presente, de modo que Ágata reencontra sua existência em lugares inexistentes: nos restos urbanos.

A cidade: a projeção animista e a ereção de significantes

Um pouco antes, evocamos a projeção animista como é mencionada por Freud em *Totem e tabu*, de 1912. Esse texto faz parte de uma série de textos nos quais Freud desenvolve as consequências do mito do assassinato do pai para a criação da cultura e da civilização. Essa sequência de textos inicia-se, então, com *Totem e tabu*, depois continua com *Psicologia das massas e análise do eu* (1921), em que o autor introduz sua ideia do que seja um grupo: a soma de indivíduos que colocam um só indivíduo – o pai – no lugar do ideal do eu e todos se identificam com ele. Precisamos de um pai morto-vivo para continuar a viver dentro das instituições. Em seguida, em *Mal-estar na civilização* (1929), se devemos assassinar o

174 APLICAÇÃO PRÁTICA II

pai a fim de ter a cultura, é esse mesmo ato que traz consequências particularmente destrutivas para a civilização. A pulsão de morte se manifesta sob a forma de um sofrimento do qual é impossível fugir. Por fim, em *O Homem Moisés e a religião monoteísta* (1939), Freud discute as noções de verdade histórica e de trauma e questiona a identidade judia de Moisés, o pai dos egípcios.

Entretanto, em 1911, Freud (1911/2009) escreve um pequeno texto em forma de meditação um pouco siderada (Assoun, 1983/1994, no qual ele faz uma reflexão pseudo-histórica e mitológica sobre o culto de uma deusa mãe e da feminilidade (Le Rider, 1993, em tradução livre). Aqui, reencontramos a força concedida por Freud ao feminino, mesmo que esse texto pareça ter sido escrito *en passant* e que sua relação com a teoria psicanalítica não esteja tão evidente em uma primeira leitura.

Também podemos fazer uma articulação com a história de Ágata em seus ecos com a "grande mãe" que evocamos um pouco antes, encontrando, simultaneamente, um lugar na cidade. Na esteira de Freud, apelamos à concepção mítica do mundo. Trata-se de uma nova leitura do mito que poderia ser "traduzir a metafísica em metapsicologia" (Blaise, 2002, p. 172 em tradução livre), ou seja, ao reconhecer a existência do inconsciente e do determinismo psíquico, a psicanálise introduz uma nova interpretação do real na qual o lugar não é mais uma parte determinada do espaço, definição comumente encontrada nos dicionários. O lugar é, antes, uma construção em que "a relação de objeto é uma ligação com o mundo" (Blaise, 2002, p. 172, em tradução livre).

No pequeno texto intitulado "Grande é a Diana dos Efésios!", Freud (1911/2009) aborda o feminino como um contraponto ao poder masculino, sendo este constitutivo da genealogia da moral – com a horda dos machos, o pai primitivo, o assassinato do pai etc.

Na obra, Freud retoma a história da cidade de Éfeso para sublinhar que, muito tempo antes de ter sido construída, em Éfeso, uma basílica em honra de Maria (a divindade materna cristã), a cidade era, na Antiguidade, consagrada a Diana, a deusa da fecundidade.

Na mitologia grega, Actéon é um célebre caçador que encontra a também caçadora Diana (Artemísia). Esta, como observa Freud, caça com seus cachorros, estando mais bem equipada que o próprio Actéon. Ambos estão à caça de seus objetos de desejo. O objeto da caça de Actéon é a mulher. Actéon vê Diana nua tomando banho e encontra, sem saber, aquilo que procurava. Mas, no momento que Diana vê Actéon, ela fica furiosa por ter sido vista nua. Ela se reconhece mulher, então, em seu furor e, ao mesmo tempo, no perigo de sua condição. Ela parte, então, para a caça, não de um cervo, mas de Actéon. Ela o transforma em cervo e põe seu cachorro atrás dele. O caçador torna-se caça, transforma-se em objeto.

Identificando Diana com a verdade (a verdade sendo, portanto, mulher) – uma verdade que se desnuda, mas, ao mesmo tempo, escapa –, Lacan (1966) faz dessa história uma espécie de modelo do psicanalista, no sentido de que este é o caçador que procura a caça, mas, na transferência, transforma-se ele próprio em caça e devora-se a si mesmo:

> *Pois a verdade prova-se complexa em sua essência, humilde em seus ofícios e alheia à realidade, não submissa à escolha do sexo, em parentesco com a morte e, de modo geral, muito desumana, uma Diana, talvez. ... Ação muito culpável, caçar com cachorros a deusa, presa onde se captura, caçador, a sombra que te tornas, deixa o bando passar sem que teu passo te apresse, Diana para aqueles que valem reconhecera os cachorros. ... (Lacan, 1966, p. 436, em tradução livre)*

Em seguida, no século VIII a.C., imigrantes da Jônia capturam a cidade e renomeiam o templo em honra da divindade materna de Ops. Depois, o templo foi destruído e reconstruído quatro vezes, sempre mantendo uma relação com a divindade feminina. Apenas o nome se modificava. Durante a era cristã, Paulo, o judeu, tentou impor uma divindade paterna, mas encontrou em seu caminho Demétrio, que, seguido pelos demais "filhos de mãe", a saber, os artesãos e os trabalhadores de Efésios, tomou as ruas gritando: "Grande é a Diana dos Efésios!". A cidade teve de volta sua grande deusa.

O que se discute aqui é a potência do materno (Assoun, 1983/1994) com seus ciclos de aparição e desaparecimento. Essa potência, diz Assoun, toma a forma de uma eternização que suspende o corpo materno entre a vida e a morte. O feminino não cessa, então, de morrer e ressuscitar, de modo que há na mãe algo de um amor total que é, ao mesmo tempo, aterrorizante. Se, do lado do pai, temos a historicidade, do lado da mãe temos a potência.

Entretanto, permanece a seguinte questão: por que essa basílica? Por que esse local? Uma cidade é um conjunto de construções, ruas, praças, mas é mais que isso na medida em que os projetos humanos estão além de toda possibilidade material e visível de um lugar. Por essa razão, a cidade adquire também uma dimensão discursiva em que os lugares, os monumentos e tudo o mais que ela contém, em sua realidade material, podem ser concebidos como um conjunto de significantes.

Para essa discussão, retomamos a concepção da linguística, ou seja, um significante como um nome que contém, para além de uma correspondência com um sentido, uma relação com a "coisa em si". Assim, as experiências deixam traços – os restos – que possuem uma espécie de contingência em relação aos significantes aos quais se referem. E é justamente por essa razão que esses significantes permanecem como que perdidos nos cantos da cidade e, se queremos conhecer a história da cidade, precisamos explorar as origens por trás de seus nomes.

Esses significantes são também concebidos como objetos – símbolos eleitos por um grupo humano ou uma pessoa. Nesse caso, o grupo ou a pessoa se refere ao objeto de uma maneira não completamente consciente.

Em outras palavras, trata-se de significantes portadores de aspectos culturais recalcados. Estes, então, retornam sob a forma de imagens, monumentos, estátuas, mas carregam em si toda a mitologia de um lugar.

O sexual, o estilo e a escritura de um lugar – os objetos

As narrativas clínicas trazem dificuldades para os psicanalistas, tanto para a escrita como para a fala. De fato, há uma distância entre a narração de um caso clínico – que é uma construção, uma ficção – e a experiência vivida pelos pacientes com seus psicanalistas nas salas de análise, de maneira que a narrativa clínica em psicanálise, sendo sempre uma ficção, estaria mais próxima a um conjunto de textos e, finalmente, mais próxima à literatura que à ciência.

Se a narrativa clínica é um conjunto de textos literários, seria então, ela própria, portadora de um gênero. Essa afirmação remete aos aspectos fronteiriços entre a literatura e a psicanálise, que caminham em paralelo: eles se aproximam lá onde se separam. Pois o conceito de gênero, em literatura, refere-se ao tipo de texto – conto, novela, romance etc. –, enquanto na psicanálise o gênero se refere ao sexo – no sentido de identidade sexual, incluindo os aspectos inconscientes. Como consequência, uma maneira eventual de pensar a interseção entre a literatura e a psicanálise seria procurar, na literatura, aquilo que é o sexo do texto, ou, ainda, o sexual na escritura – o que em literatura chama-se, porventura, um estilo.

Machado de Assis (1836-1908), considerado o maior escritor brasileiro, escreveu sobre isso um conto intitulado *O cônego ou metafísica do estilo* (Assis, 1885/1994). O narrador, um religioso a quem é encomendado um sermão, embarca em um idílio mental em que um substantivo e um adjetivo se procuram um ao outro. Em seguida, desenvolve a ideia de que as palavras têm um sexo e mesmo se amam umas às outras:

> – *Sim, meu senhor, os adjetivos nascem de um lado, e os substantivos de outro, e toda a sorte de vocábulos está assim dividida por motivo da diferença sexual...*
>
> – *Sexual?*
>
> – *Sim, minha senhora, sexual. As palavras têm sexo. Estou acabando a minha grande memória psico-léxico-lógica, em que exponho e demonstro esta descoberta. Palavra tem sexo. (Assis, 1885/1994, p. 2)*

O que chamamos de estilo é o casamento entre as palavras. Ou seja, o estilo é resultado de um movimento libidinal que opera para além do pensamento consciente – uma força íntima, um tipo de repertório individual que leva o autor a escolher uma ordem determinada de palavras. Essa ordem – a forma – é também algo que o próprio autor não consegue ultrapassar, ela se coloca como um limite para o próprio autor. É importante salientar que o conto de Machado de Assis precede a psicanálise e a anuncia, pois esta ainda não havia sido nomeada no momento da primeira publicação do conto, os primeiros textos de Freud ainda estavam sendo gerados.

Retomando a experiência poética de Francis Ponge, podemos recolocar em discussão a experiência do sexual na escrita, já que encontramos, aqui também, esse amor entre palavras:

> *Em suma, as coisas são*, de cara, tanto palavras como coisas. *É sua cópula o que realiza a escrita (verdadeira ou perfeita); é o orgasmo que resulta dela o que provoca nosso júbilo. Trata-se de fazer entrar uma na outra ... em outras palavras: se amamos as coisas, é porque as reconhecemos como respondendo aos seus nomes ... e por isso devemos amar também esses nomes. ... O amor das palavras é, então, de alguma forma necessário ao prazer das coisas ... Ou, antes, realizar o amor físico das palavras, este será nosso prazer, nosso gozo. E disso, somente nós mesmos (nós, como dotados da fala, como capazes da escrita), somente nós somos capazes. (Ponge, 1990, pp. 23-29, em tradução livre, grifos nossos)*

Retomando o ponto de partida

Meu ponto de partida era a questão psicanalítica seguinte: precisamos da patologia para pensar o singular na contemporaneidade? Essa questão é imediatamente clínica, já que tento respondê-la a partir do tratamento psicanalítico de Ágata, encontrando aspectos concernentes à sua posição subjetiva lá onde eles se escrevem, ou seja, como significantes: os nomes de certos lugares da cidade de São Paulo que contêm, além de uma correspondência com o sentido, uma relação com *a coisa* – aquilo que foi vivido ali anteriormente e do qual não podemos recuperar o sentido senão ao explorarmos suas origens, aquilo que está por trás do nome.

Considerada pelos médicos como um caso difícil, com prognóstico ruim, Ágata talvez tenha podido se reinventar – e esse fato somente pode ser observado *après-coup* – na narrativa literária de sua psicanálise, em particular quando Ágata sai da sala de análise e encontra os espaços não habitados da cidade de São Paulo.

Trata-se de colocar momentaneamente em suspenso as teorias psicanalíticas a fim de contar a história de Ágata como prosa narrativa.

Ágata, uma narrativa literária

Em seu nascimento, a mãe de Ágata não conseguiu esconder seu olhar desdenhoso e decepcionado a seu bebê: ela não desejava uma menina, e sim um menino. Tomada de uma rejeição instantânea, a mãe nunca deixou de colocar sobre a filha o peso desse olhar invertido, impregnado de ódio. "Você é uma erva daninha", dizia, batendo na criança, o que acaba por gerar uma situação insuperável de violência entre elas. Ao longo do tempo, os pais se separaram, a irmã mais velha casou-se, mas Ágata permaneceu sozinha com a mãe, em uma espécie de prisão, como em um castelo medieval no centro do qual as duas mulheres dividiam algo que não era dito – uma história sem nome (Barbey D'Aurevilly, 1882/1990).

Para seu próprio consolo, Ágata sempre teve uma ligação forte com os animais, ela sempre criou animais domésticos, gatos, pássaros, cachorros e mesmo camundongos, ao longo da infância e da adolescência. Conforme esses animais morriam, Ágata os enterrava no jardim em torno da casa, construindo um cemitério em volta do "castelo".

Durante a adolescência, Ágata não podia usar a toalete nem preparar sua comida na cozinha sem que a mãe ficasse enojada pelo cheiro de suas fezes e de seus alimentos. Cansada e faminta, ela ia comer com seus amigos – os bichos.

Um dia, ela engravidou de um homem e sofreu um aborto espontâneo. Esse evento deflagrou uma "crise": Ágata não conseguia se alimentar e começou a tirar seu próprio sangue com uma seringa, estocando-o em pequenos vidros. Tentou, então, retirar seu útero com uma agulha de tricô. Finalmente, foi internada em uma enfermaria para pessoas com transtorno alimentar – sua primeira e única hospitalização.

Ao longo dos anos, após o fim das sessões de psicanálise, Ágata não conseguia voltar direto para o "cemitério de animais", o "castelo" de sua mãe. Em vez disso, ela adquiriu o hábito de ir alimentar os gatos no Vale do Anhangabaú, lugar escuro e perigoso no centro da cidade de São Paulo. Esses gatos, cegos, haviam sido abandonados sem comida e doentes. Eles moravam na rua, na noite fria. Em vez de voltar para o "cemitério" para velar os pequenos bichos mortos, Ágata transferiu os cuidados para animais ainda vivos, embora frágeis. Começou a tomar notas em um caderno: sentimentos e pensamentos que escrevia livremente, sem uma ordem determinada ou um objetivo. Algumas dessas anotações ela me lia na sessão.

O Vale do Anhangabaú é um local cortado atualmente pelas avenidas Nove de Julho e Vinte e Três de Maio, no centro da cidade de São Paulo. Entretanto, nos séculos XVIII e XIX, esses lugares eram cercados por dois rios: Anhangabaú e Itororó. Quando São Paulo era ainda uma pequena vila, surgiu sobre as margens

182 APLICAÇÃO PRÁTICA II

do rio Anhangabaú, em 1773, um dos primeiros matadouros da cidade, na Rua Santo Amaro – também conhecida como Rua do Curral e Rua Verde. Abatidos sobre o solo, em terra batida, os restos e o sangue dos animais mortos eram jogados no rio. Por questões sanitárias, o matadouro foi transferido para o baixo Humaitá em 1856, época em que os dejetos passaram a ser jogados no rio Itororó, onde atualmente se encontra a Avenida Vinte e Três de Maio. Mas o Itororó era um dos afluentes do Anhangabaú. Como consequência, sangue e restos de carne e de ossos viajavam até o centro da cidade. Somente em 1889 foi inaugurado o matadouro da Vila Mariana – onde se situa atualmente a Cinemateca Brasileira – com instalações maiores e mais apropriadas. O rio Anhangabaú foi canalizado no século XX, bem como o Itororó (Linder, 2014).

No Egito Antigo, os gatos eram adorados como deuses protetores dos lares, das mães e das crianças. Na Idade Média europeia, esses animais eram associados ao diabo, à magia negra e à bruxaria. Ágata, identificada com os animais, talvez fosse ao Anhangabaú a fim de apaziguar os maus espíritos, de tanto que se sentia angustiada e ameaçada. Encontrou ali um lugar rico em representações onde se sentia acolhida e acompanhada, embora o local contenha uma conotação negativa, ligada ao vazio e à solidão.

Pouco a pouco, Ágata substituiu as visitas ao Vale do Anhangabaú por passagens no Parque do Ibirapuera. Ela trocou os gatos por gansos, que ela ia alimentar em frente ao lago. Mais agressivos que os gatos, os gansos brigam por comida, não sabem compartilhar. Saltavam vorazmente sobre as migalhas de pão. Um dia, Ágata percebeu a presença recorrente de um homem e ficou com medo. Ela achou que se tratava de um tarado que ia lhe fazer mal. Ela parou de ir ao parque.

Só alguns anos mais tarde, no final do tratamento, Ágata finalmente conhece alguém: um homem que parece gostar muito dela, pois a cobre de presentes: chaveiros, camisetas e mesmo sapatos. Ele lhe passava a impressão de ser um homem rico, embora a convidasse a visitá-lo em sua casa na periferia de São Paulo. Em volta da casa dele, moravam e circulavam alguns animais, principalmente cachorros. O lugar era sujo, com um monte de lixo jogado em volta. Ágata acabou por se chatear com esse homem, que insistia em ter com ela relações sexuais. Mas ele a agradava, então continuaram juntos por algum tempo. Um dia, entretanto, ele revelou a ela seus projetos: gostaria de se casar com ela e se mudar para uma cidade bem longe, no Nordeste do Brasil. Ele queria morar em uma pequena fazenda onde eles pudessem criar animais e depois abatê-los para comer. Ágata, amedrontada por essas palavras, terminou por não mais continuar a ver esse homem.

Escrever a cidade, habitá-la, instalar-se nela

Ágata, ao longo de seu caminho solitário, ou solipsista, gosta de encontrar lugares na cidade e imaginar que eles foram feitos para ela. Criando cenas nas quais interage com personagens (primeiro bichos, depois um humano) e escrevendo essas cenas em seu caderno, Ágata tece ligações com objetos vivos, com seu próprio eu, com os outros (o coletivo, o social).

Se tomarmos a primeira cena, em que Ágata vai visitar os gatos abandonados que moram no Anhangabaú, percebemos que se condensam nessa cena inúmeros conteúdos, restos que permanecem como que perdidos, mas que têm uma relação com a história do lugar, da cidade e, como consequência, com a cultura. Observamos também que os matadouros, o sangue e a matança dos animais têm

184 APLICAÇÃO PRÁTICA II

estreita relação com a história de Ágata e os animais enterrados em volta de sua casa, e também com a experiência do aborto, do bebê morto, do alimento. Sem sabê-lo completamente, ou melhor, sabendo de alguma forma inconsciente, Ágata escolhe os gatos do Anhangabaú tentando ressignificar ou dar sentido a experiências anteriormente não simbolizadas, as quais se mantinham, por essa mesma razão, como restos não ligados no interior do psiquismo.

Encontramos experiências que fazem eco com as de Ágata nas descrições da exploração do espaço feitas por George Perec em *Espèce d'espaces* (1974), segundo o qual o espaço nasce (para o ser) como uma escrita:

> *O espaço começa, assim, somente com palavras, sinais traçados sobre a página em branco. Descrever o espaço: nomeá-lo, traçá-lo, como as pessoas que fazem mapas marítimos e saturam as costas com nomes de portos, de cabos, de baías, até que por fim a terra se separa do mar apenas por uma fita continua de texto. (Perec, 1974/2000, p. 26, em tradução livre)*

Por meio da escrita do espaço, o narrador vagueia pela cidade e procura responder a questões como: "O que é um *quartier*? Você mora em que *quartier*? Você mora em que bairro?" (Perec, 1974/2000, pp. 113, em tradução livre). Após essas reflexões a respeito da "vida no bairro" e sobre "a morte do bairro", ele se pergunta: "Por que não privilegiar a dispersão? Em vez de morar em um único bairro ... por que não poderíamos ter, de maneira dispersa em Paris, cinco ou seis quartos? ... O que é o coração de uma cidade? (pp. 116, 121) A alma de uma cidade? A cidade estrangeira é aquela em que "nós gostaríamos muito de passear, flanar, mas não ousamos; não conseguimos ir à deriva, temos medo de nos perder"

(p. 125). Podemos ver que o narrador permanece colado na observação, de modo a fazer nascer, por meio da experiência sensível, a figuração das características geográficas de um lugar.

Olhando as coisas e os seres de todos os dias, Perec se pergunta: "Aquilo que verdadeiramente se passa, aquilo que vivemos, o resto, todo o resto, onde está?" (Perec, 1989, p. 11, em tradução livre), com o propósito de, em seguida, modificar totalmente as convenções do mundo sensível, colocando sua hierarquia em desordem:

> *Ao lado, lojas de móveis italianos ou de luminárias japonesas, comerciantes de gravuras, de livros de arte, de coisas indianas, de cartazes de filmes, de todo tipo de coisas pseudoantigas ou falso-modernas, na moda de anteontem, de hoje ou de depois de amanhã; é aqui que você pode, por alguns trocados, comprar uma lata de conserva contendo um pouco do ar de Paris, um apontador de lápis em forma de navio a vapor, velhos gramofones ou ... no Centro George-Pompidou, um caderno usado no verso do qual figura uma tábua de multiplicar em desuso. ... (Perec, 1989, pp. 71-72, em tradução livre)*

O autor termina por classificar o mundo de uma maneira particular segundo a qual o *resto* (aquilo que é aparentemente banal e normalmente esquecido) se torna a coisa mais importante. Isso o leva a uma compreensão singular, mesmo estrangeira do mundo.

Outro escritor francês, Philippe Vasset, se interessa, da mesma forma, pelos aspectos sensíveis do real a fim de se perguntar sobre aquilo que dissimula a realidade mais comum, aquilo que a transforma ou a revela:

mudas, essas cenas domésticas eram, entretanto, impe-
netráveis. Os gestos lhes eram ambivalentes e as atitu-
des, equívocas. Amplamente disponível, a intimidade
não oferecia nenhum controle, nada revelava, a não
ser uma desordem de proposições indecisíveis. Mes-
mo os comportamentos mais explícitos – nudez, vio-
lência – permaneciam misteriosos: nunca estávamos
certos daquilo que víamos. Também, eu nem mesmo
tentava interpretar imagens que se apresentavam aos
meus olhos, considerando os quadros entrevistos não
como a expressão de sentimentos ou a consequência de
acontecimentos, mas como os movimentos sucessivos e
simultâneos de jatos d'água contra o sol, certas proje-
ções de gotículas aparecendo para o observador situ-
ado nos alinhamentos dos raios, mais luminosos que
outros, formando, somente para ele, uma composição
efêmera. (Vasset, 2013, p. 139, em tradução livre)

O narrador tenta transformar a cidade em alguma coisa líqui-
da para que ele possa "nadar" dentro dela:

Era fácil para mim, circulando no meio de grupos,
escutar sua conversa, esforçando-me para não julgar
seu interesse ou sua pertinência, mas simplesmente me
dissuadir na profusão de detalhes para provar da vo-
lúpia de estar submergido em vias desconhecidas. ...
Todas essas ideias tinham a cidade como objeto. ...
Na verdade, a capital era para mim como um livro
de cabeceira, uma trama familiar que eu não cessava
de organizar em novas formas. Era meu corpo, única

ciência da qual eu podia gabar-me de ser médico, mesmo se minha erudição estivesse regularmente em falta. (Vasset, 2013, pp. 93, 148, em tradução livre)

Vasset tenta criar uma plataforma de experiência ao convidar o leitor a experimentar o mundo sensível. O narrador passa pelo interior dos imóveis a partir de um olhar exterior. Em seguida, ele se liquefaz e desaparece, permanecendo presente, mas invisível. Podemos nos perguntar se o autor visa à dissolução do ponto de vista do narrador, como se este se fundisse com a cidade. Seu corpo se torna o corpo da cidade e, dessa maneira, torna-se a própria fonte do sensível:

> *Isso promovia sensações semelhantes àquelas que eu experimentava caminhando pelas margens de Paris: era a mesma erótica da efração, a mesma emoção de deslizar, pelos buracos da superfície, sua mão contra a pele da cidade, e a mesma sincronização de respirações, ar-condicionado e respiração misturados. (Vasset, 2013, p. 143, em tradução livre)*

Pela poética de ambos os autores, a cidade traz imagens e estímulos sensíveis que resistem à codificação da linguagem corrente, uma sucessão de corpos impenetráveis pelo sentido comum, diante dos quais a entrada só se torna possível por meio de uma liquefação do narrador e de seu ponto de vista. Uma desterritorialização do eu que conduz a outra forma de acessar, pelo sensível, o espaço da cidade.

Essa experiência cria a possibilidade de compartilhar o lugar do coletivo. Trata-se, antes de qualquer coisa, de uma experiência erótica – como fonte, libido, investimento. É nesse sentido que as ações de habitar, escrever e se instalar em um determinado lugar se desenvolvem juntas e estão, assim, inexoravelmente ligadas.

Discussão 1

Ao longo do tempo, observamos a criação de cenas que são a repetição de histórias amorosas e, ao mesmo tempo, seus avanços: as cenas contêm uma pequena mudança que faz toda a diferença.

A primeira cena – alimentar os gatos no Anhangabaú – revela uma experiência dual de identificação com seres doentes e solitários – a própria Ágata. Mas, dessa vez, Ágata pode cuidar. O investimento narcísico vivenciado pela analista que olha e ouve, bem como pelo hospital que cuida, mostra-se, aqui, primordial em seu aspecto formador e protetor do eu.

Na segunda cena, os gansos são um grupo mais estruturado (em relação aos gatos) no qual a agressividade se torna um meio importante de sobrevivência. Há, aqui, a presença de um terceiro, ainda que fragmentário e ameaçador.

Um terceiro que, na terceira cena – o namorado rico que só quer sexo –, é constituído como um objeto de amor, embora comporte sempre fortes aspectos narcísicos. Além disso, é importante observar o fato de o objeto de amor passar da figura animal para a figura humana.

Esse conjunto de movimentos permite compreender a construção de objeto em psicanálise como uma estrutura ancorada na linguagem. O sujeito conhece o mundo nomeando-o, e essas estruturas linguísticas são criadas a partir de experiências emocionais entrelaçadas a informações que o sujeito recebe do mundo. As estruturas da linguagem estão ligadas, consequentemente, a essa espécie de jogo entre sujeito e mundo, já que o objeto é criado lá onde o sujeito se constrói a si próprio no mundo e vice-versa.

O objeto como apagamento do traço

André Green (1966), ao retrabalhar a noção de pulsão de morte, retoma a expressão utilizada por Lacan: "O significante revela o sujeito, mas apagando seu traço" (p. 179, em tradução livre). Nesta reflexão, Green parte da função do significante em uma máscara – por exemplo, na figura totêmica adorada por um povo indígena citado por Lévi-Strauss. A função metonímica da máscara como significante ultrapassa, diz Green, a relação entre o que é mostrado e o que está escondido revelando, antes, "uma relação entre o desvelado e o apagado, o barrado, a falta. A causa do desejo está aqui" (Green, 1966, p. 181, em tradução livre).

> *Trata-se de algo semelhante ao que afirma Freud em relação ao trabalho de "construção" em O Homem Moisés e a religião monoteísta, no momento que ele aborda a exegese crítica da Bíblia: "Assim, quase todas as partes comportam lacunas evidentes, repetições constrangedoras, contradições manifestas, índices que traem coisas em que a comunicação não é perseguida. A distorção de um texto é como um assassinato. O difícil não é executar o ato, mas eliminar o traço". (Freud, 1939/2002, p. 115, em tradução livre)*

O trabalho da pulsão de morte comporta, de acordo com Green, um esforço em atingir "esse ponto de ausência por onde o sujeito atinge sua dependência do outro, identificando-se, ele mesmo, ao seu próprio apagamento" (Green, 1966, p. 181, em tradução livre). "A mutação do significante, sua epifania sob suas formas polimorfas e distribuídas indica o início da intenção de se opor – como no sonho – à essa negação e seu esforço por meio do qual ele perdura profundamente travestido e modificado, como testemunha" (p. 181). Nesse processo que, a partir dos traços, visa retomar as origens e suas causas, encontramos também o processo que denominamos aqui de paternidade – este consistindo em uma conjectura, enquanto a maternidade se revela pelos sentidos.

Ora, ao abordar a maternidade e a paternidade, tratamos, na verdade, dos objetos primordiais, e temos aqui outra hipótese em relação à construção de objeto: construção no sentido freudiano, segundo a qual se apagam os traços do objeto para reconstruí-lo *après-coup*, em outro tempo. Apagamento como efeito de uma lei que interdita, que promove uma escolha para designar outros objetos no lugar do pai. Isso engloba, também, o funeral que estabelece a presença do ausente, do pai morto.

O sexual no texto

As três cenas mencionadas ilustram, além disso, o funcionamento do sexual no texto de Ágata. O que Freud chamou de "sexual infantil", totalmente diferente da sexualidade do senso comum, não é somente a escolha de objeto sexual genital, mas abarca os objetos ditos parciais – os investimentos libidinais em partes do corpo, pelas quais a criança começa a distinguir o que é "eu" daquilo que é "não eu".

É pela mesma razão que essas fantasias construídas por Ágata não deixam de ser escolhas de objeto no sentido estritamente sexual. Ao final, dizendo que queria matar e comer os animais criados, o namorado encarna, de forma metonímica, a própria mãe devoradora de Ágata. Neste momento, para Ágata, o sexual fala mais alto e se torna aquilo que dirige a decisão tomada por ela de não mais continuar a se relacionar com esse namorado: a experiência infantil com a mãe que vai devorá-la se atualiza imperativamente.

Como nos diz Fédida (1978/2005a) a respeito da dimensão poética e estética do objeto, nós amamos os objetos (as coisas) porque somos capazes de reconhecê-los, porque os sentimos semelhantes àquilo que nossa memória conservou deles e que está incluído em seu nome, a palavra que os designa.

A narrativa clínica psicanalítica, estando sempre na fronteira entre a psicanálise e a literatura, e fortemente entranhada no sexual, permite encontrar a representação literária das questões abordadas pela psicanálise sem que a literatura se torne uma ilustração da psicanálise.

Ao longo dos anos, Ágata tece uma rede simbólica com os lugares da cidade nos quais ela encena uma extensão daquilo que se passa no tratamento psicanalítico. É nesses lugares que Ágata pode adorar sua deusa mãe. Os espaços na cidade, como espaços de mobilidade, criam a possibilidade do agir da vida e da morte, concomitantemente. É procurando a mãe onde existe morte que Ágata pode encontrar um lugar de existência, de modo que a morte, como coração sombrio da cidade, não deixa de existir como reguladora da vida.

A partir de então, Ágata parece construir outro significado para sua existência e termina, assim, por não mais retirar seu próprio sangue e por estabelecer um novo tipo de laço social com seu meio, uma espécie de adoração da deusa mãe que se inicia pelo encontro com o aspecto terrificante de sua própria mãe, continua no encontro analítico – a presença e a ausência vivenciadas a partir de dentro – e encontra também propulsão na "grande-mãe instituição hospitalar universitária" da qual Ágata começa a receber cuidados. Trata-se de diversos níveis de investimento pulsional que, provavelmente, permitiram a mobilidade e as mudanças em questão.

Temos aqui, portanto, um exemplo do que Freud descreveu como movimentos de ligação e desligamento da pulsão de morte com Eros. Os espaços da cidade, lugares de mobilidade percorridos pelas pulsões em seus diversos níveis, são lugares de ligação e desligamento da pulsão de morte com a vida, colocando a morte lá onde se passa vida e vice-versa:

> No âmbito de ideias da psicanálise, podemos supor apenas que ocorre entre as duas espécies de instintos uma extensa mescla e amálgama, variável em suas proporções, de maneira que não devemos contar com puros instintos de morte e de vida, mas apenas com misturas delas em graus diversos. À agregação dos instintos corresponde, sob determinadas influências, uma desagregação dos mesmos. (Freud, 1924/2011, p. 192)

Ponto de inflexão: a patologia ligada à cultura; o cinema como espelho

Os finais dos séculos são, geralmente, momentos difíceis. Era dessa forma que os cientistas e os pensadores de fins do século XIX e início do século XX, incluindo Freud, emergindo de um momento de crise, pensavam as relações entre a doença e a cultura. O advento da modernidade parecia trazer uma lentificação à vida psíquica e todo tipo de problema decorria disso. Os pensadores começaram a compreender a doença intimamente ligada à civilização ocidental. Por essa razão, aparece na escrita moderna, em várias áreas, esse estado de doença do sujeito. Observamos, por exemplo, a descrição de Zola (1884) a propósito de Lazare:

> *Esvaziando-se cada vez mais na estupidez de seu tédio. ... Dossiê preparatório: "Todos os contrários, casto e voluptuoso, bom e egoísta, covarde e corajoso, trabalhador e preguiçoso, mentiroso e verdadeiro, ele representa o 'eu moderno' atormentado pela desintegração, paralisado de tédio". (citado por Pellini, 2014, em tradução livre)*

Ou ainda, nas palavras de Baudelaire (1863, em tradução livre): "A modernidade é o transitório, o fugidio, o contingente, a metade da arte, cuja outra metade é o eterno e o imutável".

A ideia é, então, que a modernidade é nociva ao espírito, e mesmo ao sexual. Com efeito, trata-se de um tema potente para a ciência: admite-se que o indivíduo é mais vulnerável, mas não se compreende muito bem, nesta relação entre a doença individual e o social, o que tem origem no interior, o que tem origem no exterior, qual a relação entre eles e como ela se dá. As pessoas adoecem, diz Freud (1908/1969), pelo fato de não obterem uma satisfação sexual decente. Os neuróticos produzem os sintomas, mas os sintomas testemunham que algo não se passa bem na tensão entre o sexual e a cultura. A cultura é, então, fundada sobre a regulação e a repressão pulsionais. Existindo no meio dessa batalha, entre o neurótico e a cultura, a psicanálise se situa, de acordo com Freud, ao lado das "ilusões eróticas". De fato, quando um paciente deita no divã, o que se deita ali é, na verdade, a doença da cultura. A posição do sintoma é deslocada do lugar de uma patologia individual para o lugar de uma criação pelo social. Como decorrência,

Freud penetra a fundo no debate social em que a psicanálise, do ponto de vista ético, sempre se situa ao lado do sujeito discordante e dissidente.

Nelson da Silva Junior (2009) aborda esse tema em suas pesquisas no Laboratório de Teoria do Social, Filosofia e Psicanálise (Latesfip) do Instituto de Psicologia da Universidade de São Paulo (IPUSP) na área da psicopatologia e organizadas a partir de referenciais teóricos psicanalíticos. Sua hipótese situa o desenvolvimento de certas práticas e usos do corpo como resposta aos impasses e à lógica do laço social contemporâneo. Sua suposição de base, na investigação das patologias do social, é que as formas de sofrimento não podem ser isoladas da organização social em que se originam.

Freud (1930/2002) partiu do princípio de que a cultura tem o poder de produzir suas patologias, as quais ele chamava de "patologias da comunidade culturalizada". Nelson da Silva Junior (2014) discute que as grandes narrativas de uma cultura, seus ideais, suas exigências morais podem causar uma doença na medida em que estabeleçam relações deficitárias entre o sujeito e a verdade de sua história e de seus desejos. O autor considera as práticas do corpo como as formas de que os sujeitos dispõem para se situar e para reagir, em uma dada cultura, ao "resto necessário de sofrimento". Sua hipótese é que não podemos situar as consequências subjetivas da economia atual de normalização, inerentes ao neoliberalismo, senão por meio da variedade de respostas individuais que implicam e que fazem uso do corpo, por meio de novas maneiras de gozar ou de novas tomadas de posição do sujeito em relação ao saber, ao poder e ao sexo.

Donde a ideia de que as patologias parecem ter uma relação estreita com a cultura. Há um deslocamento, nos dias atuais, do eixo da neurose clássica para a existência de sujeitos que, como Ágata, não são psicóticos, mas apresentam um estado de vacuidade central. São sujeitos em constante transformação, que não encontram um lugar. São os "errantes da modernidade". Eles estão sempre à margem ou "se deslocando". Como exemplo, podemos nos referir aos protagonistas de certos filmes contemporâneos, como *Drive*, *Shame* ou *Ninfomaníaca*.

Observamos, tanto nas formas aditivas mais comuns como nos comportamentos de adição ao sexo nos filmes *Ninfomaníaca* e *Shame* – que não deixam de ser "funcionamentos-limite" –, a característica desmesurada que está no cerne da experiência pulsional.

O filme *Shame* se concentra na sexualidade do protagonista – um homem muito bonito, muito sexy, que é dominado pelos anseios de seu corpo. Ele tem um pênis enorme, uma sexualidade que recai sobre ele e o consome, um corpo que ele não controla. O sexo, aqui, tem a função única de descarga. A sexualidade, ela mesma portadora de destruição, esvazia-se com o objetivo de lutar contra uma melancolia todo-poderosa. Nesse caso, a adição ao sexo é uma forma de se conter, de cuidar de si mesmo. O ser é reduzido a um modo operatório, a sexualidade é cortada e separada da atividade psíquica. Não há a presença da fantasia nem de qualquer espessura psicológica. O personagem não pode gozar a não ser sob a forma da descarga. O momento em que aparece a ternura é o momento do fracasso. E, nesse caso, a ternura é perigosa, é ela que detém a maior violência.

Ninfomaníaca faz parte, com *Anticristo* e *Melancolia*, de uma trilogia da filmografia de Lars von Trier que aborda o feminino e seus percalços. Menos como um dom, o feminino de Von Trier se constrói, antes, ao lado do caos e da bruxaria. O tema união/separação entre sexo e amor, embora antigo, reaparece com frequência nas análises onto e genealógicas de historiadores cada vez que vêm à tona questões em torno da ética do desejo, dos direitos dos homens, das leis do casamento.

O que acontece com o feminino nos dias atuais? Segundo a leitura clínica de Von Trier, machucado e despedaçado (Joe é encontrada por Seligman caída em um beco, espancada e desmaiada), sem nenhum glamour ou beleza, o feminino como busca impossível do orgasmo estaria mais ao lado da fragmentação e da impossibilidade de existir.

Do ponto de vista freudiano, trata-se de um sexual em excesso, que leva ao limite da destruição. Se, de acordo com a fala freudiana de Seligman, quase ninguém consegue viver sem ter vida sexual, a corrente sexual, da qual o sujeito é apenas um apêndice, torna-se mortífera quando a busca por um gozo inalcançável suplanta a possibilidade de um freio a partir e desde o interior do feminino. O masoquismo de Joe, desligado de possíveis origens constitutivas do corpo erógeno, aqui, se torna dor, como a experiência extrema do desprazer.

E, se nas palavras da amiga de Joe, o amor é o tempero secreto do sexo, ele deve vir em doses diminutas, da mesma forma que uma pitada de sal constitui o segredo de um bom prato. Em excesso, o amor, como o sal, desanda a comida. Impede o sexo, arruína o encontro. Submetido, então, às prescrições da sociedade – que ainda não encontrou um nome para esta inversão na qual o sexo desbanca o amor –, este feminino inominável, ainda que libertação extrema, leva à humilhação e ao desespero.

Nota-se que, em relação a seu vício e sua sexualidade, o protagonista de *Shame* revela, em um dado momento, provar de um sentimento de vergonha. Joe, do seu lado, diz, tomada por um momento de revolta contra seu diagnóstico psiquiátrico, que sente orgulho de ser não uma "viciada em sexo", mas uma "ninfomaníaca". O que dizer desses sentimentos contrários demonstrados pelos dois protagonistas em relação a seus estados de humor? Como compreender esta inversão no que diz respeito, por exemplo, ao masculino e ao feminino como papéis sociais ou como funções psíquicas?

Sabemos, de acordo com Freud (1931/2004), que as sexualidades feminina e masculina comportam uma dissimetria. Embora os percursos do homem e da mulher partam da bissexualidade, a crise edipiana se produz apenas para o menino. A menina jamais entra completamente no complexo de Édipo, já que sua vida psíquica não é totalmente solúvel no Édipo. Com efeito, para as meninas, o complexo de castração precede o complexo de Édipo, já que elas são confrontadas com a diferença de sexos antes de entrar no complexo de Édipo. Como consequência, reconhecer a diferença entre os sexos implica um deslocamento para fora do Édipo, pois há, na sexualidade feminina, algo que escapa a toda ordem, a todo registro psíquico.

Nesse sentido, talvez Joe seja a voz de um feminino que quer, a todo custo, se desvencilhar do claustro, do peso do diagnóstico. Sua fala explode em uma revolta contra toda tentativa de nominação. Entretanto, ela cai imediatamente em outro nome, "ninfomaníaca", que não deixa de ser, também, um diagnóstico. Então, a seguinte questão permanece: a sexualidade pertence ao sujeito? Talvez ela pertença à família e à sociedade e nos seja imposta, como uma espécie de destino do qual jamais escapamos.

O protagonista de *Shame* é totalmente silencioso, silêncio que parece o resultado de uma falta de espessura psicológica. Apesar disso, ele expressa, em um dado momento, um sentimento de vergonha em relação à sua própria sexualidade, sobretudo no que se refere à sua relação incestuosa com a irmã. Sua irmã é, de fato, uma espécie de duplo dele mesmo, que encarna e encena sua transgressão, sua dor e sua solidão. Mas como pensar o lugar da vergonha e das novas formas do eu em um mundo que apela cada vez mais ao exibicionismo, ao consumo do sexo, à ostentação?

Foi na esteira dessa pergunta desafiadora que acreditamos, em um primeiro momento, que o título do filme – *Vergonha* – era um pouco inadequado. Entretanto, retornemos uma vez mais a Freud. O autor descreveu três afetos sociais, a vergonha, o nojo e a culpa, a fim de desenvolver a ideia de que a sexualidade humana tem, em sua origem, um caráter perverso. A vergonha implica a interiorização da função social da imago fraterna, o que significa que passa sempre pelo outro. Na clínica psicanalítica, quando há vergonha, estamos no terreno da fantasia, que é rememorada e repetida pelo neurótico em dois tempos: "meu pai bate numa criança" e "uma criança é espancada". A vergonha é o afeto que denuncia um saber não totalmente reconhecido associado à série masoquista e sádica.

Por outro lado, a vergonha é a perda da face. A vermelhidão no rosto implica a queda das máscaras. Nesse sentido, a vergonha de nosso protagonista não adquire uma dimensão incestuosa. Ela está mais ligada às sociedades de massa e às patologias sociais típicas, como os sentimentos de tédio, de vazio, de solidão e de isolamento. Como nos mostram bem Dunker, Cromber e Safatle (2013): "Resta-nos a vergonha como afeto próprio de uma era que encurta narrativas, que diminui a experiência da massa e que se concentra na relação com o outro mediada pelo olhar. ... A vergonha é o buraco simbólico que conseguimos sonhar para nossa época".

Discussão 2

Os personagens evocados acima são, ao que nos parece, boas ilustrações do sujeito contemporâneo. Colocados ao lado de Ágata, eles animam a vasta discussão sobre o que pode ser revelado por um sintoma individual que, em um jogo de espelhos, reflete os movimentos dos laços sociais e da cultura.

São sujeitos que trazem um conflito essencial. Eles se sentem dissidentes da norma. Há algo dentro deles que não opera pelo princípio do prazer/desprazer, nem no sentido da pulsão que tem por objetivo descarregar no objeto. São, antes, regidos por algo ligado ao extremo. São tomados como indivíduos em mutação. Não seriam eles, na verdade, o reflexo de uma mudança de estilo ligada à cultura e aos laços sociais?

Uma questão permanece: a errância contemporânea pode ser lida como um sintoma? Os sintomas não precisam ser reinventados, já que novas subjetividade impõem aos sujeitos novas maneiras de se posicionar em relação a seu próprio corpo? É possível incluir em nosso repertório um sofrimento que ainda não é capaz de ser nomeado? Ou será que estamos diante de sintomas já saturados por nomes e que estão, justamente por isso, desprovidos de um significado mais específico? No mais, essas questões nos interrogam sobre os méritos de tentar encontrar com urgência uma maneira de nomear algo sem, no entanto, saber ainda do que se trata.

Segundo o que destaca Dunker (2014b):

> *Sem uma forma de mal-estar como experiência de mundo, capaz de captar sua incerteza, angústia e indeterminação ... não conseguimos lidar com certo tipo de insatisfação que não encontra ainda uma nomeação perfeita, que não se codifica nos dispositivos de discurso e de prática encarregados de administrar insatisfações. Daí que o mais simples seja saturar uma nomeação para o mal-estar de forma a inscrevê-lo em uma narrativa. (p. 187)*

6. O que concluir

Ao final deste livro, vemo-nos capazes de articular alguns pontos sobre o objeto nas psicanálises de pacientes *borderline*. Sobretudo ao redor de nosso fio condutor, a saber, que o objeto, para os *borderline*, é uma construção. Aprofundamos nossas considerações ao longo do tratamento psicanalítico de Ágata acreditando que nossas observações pudessem servir como uma ferramenta para o manejo de psicanalistas de pacientes *borderline* em geral.

Em primeiro lugar, é necessário sublinhar que objeto, em psicanálise, é algo que pertence à vida psíquica e, como tal, carrega de imediato uma ambivalência, de modo que é sempre colocada uma questão: o objeto está fora, dentro ou em ambos? Essa questão foi um ponto de viragem na história da psicanálise e está na origem do advento da escola inglesa das relações de objeto, como pudemos ver no Capítulo 3.

Esperamos ter esclarecido, nas páginas precedentes, nosso ponto de vista em relação a isso: tentamos empregar a palavra "objeto" no sentido metapsicológico, ou seja, compreendendo-a em estreita relação com os aspectos inconscientes do psiquismo que lhe são inerentes e, assim, em suas perspectivas dinâmicas como se apresentam no interior dos processos de transferência e contra-transferência.

A fim de examinar o objeto nesse sentido, retomemos o que havíamos designado por "construção" na psicanálise de Ágata. Minha hipótese é que Ágata repete, tanto na vida como na trans-ferência, experiências com um objeto primário que está sempre na iminência de desaparecer, como se ela repetisse algo que fosse a repetição de coisa alguma. Em outras palavras: a transferência como alguma coisa que nunca aconteceu.

Tomemos Freud (1895/2009) para iniciar a discussão. A vida psíquica nasce de um estímulo cujas figuras são provenientes de uma experiência de satisfação encontrada ao lado de outra pes-soa – o adulto acolhedor que responde com uma ação específi-ca. Daí resultam traços mnêmicos: marcas corporais deixadas por essa experiência de contato com o outro que podem implicar, por exemplo, resíduos de sensações táteis, do som da voz, da tonalida-de afetiva, da sensação do leite na boca, de cheiros etc. No momen-to que isso ocorre, a presença física do outro não é mais necessária. O objeto é, então, essencial para a instauração do psiquismo, já que, em sua ausência, a criança pode aluciná-lo. Fazendo uso deste retorno temporário ao autoerotismo (a fusão com o objeto), o eu se protege das experiências terrificantes da morte.

Como consequência, a primeira experiência humana é ime-diatamente um trabalho com o objeto e, insistimos neste ponto, trata-se de uma experiência de perda do objeto. A criança, dian-te de momentos de desamparo, encontra-se com o adulto e vive uma experiência que deixa marcas. Ora, o traçado deixado por essa primeira experiência com o objeto é já a experiência marcada por uma falta do objeto. Esses traços se reconstituem como uma "matriz objetal", concebida aqui como o protótipo de uma repetição a partir da qual uma preconcepção pode se produzir.

Tivemos ocasião de abordar, no Capítulo 3, consagrado ao estudo do objeto na obra de Freud, em que medida a dimensão de perda está presente no objeto freudiano. Sublinhamos que *Luto e melancolia* (1917) é o primeiro grande texto tanto sobre a relação do objeto como sobre o narcisismo do objeto, e também sobre o eu como objeto. Esse texto se posiciona, dentro do movimento psicanalítico, ao lado de uma tendência a privilegiar a questão da perda.

Embora o estado de melancolia nos mostre a maneira como podemos ficar completamente destruídos por uma perda, ele pode determinar também um tempo mais elaborado do psiquismo. É o que diz Melanie Klein quando chama atenção para o fato de que a posição depressiva organiza o psiquismo da criança permitindo o nascimento de sua interioridade. Em termos freudianos, acrescentaria que a neurose se constitui por meio da perda. Paradoxalmente, esse texto reafirma o caráter não completamente arbitrário nem completamente contingente do objeto. Quando desenvolve a discussão em torno da melancolia, Freud insiste sobre o papel-chave do objeto em relação ao sujeito: trata-se sempre de uma viagem entre a perda e o excesso.

Ágata parece ter vivenciado a experiência com o objeto primário na forma de um "sol negro" (Kristeva, 1987) que não lhe oferece nenhuma segurança ou luz: um buraco negro. A possibilidade de se engajar em relações de forma consistente é muito tênue. Mesmo ela sendo habitada por certa vivacidade, as chamas de seu desejo estão sempre em vias de se apagar. Segundo suas próprias palavras, sua mãe a rejeitou e também repudiou sua sexualidade. Sua mãe a maltratou, a destruiu. Ágata repete, então, a seguinte situação: a dúvida em relação ao fato de ter sido desejada é sempre recolocada sobre e para o outro.

O momento em que ela vive a experiência do aborto evidencia a maneira como Ágata está mergulhada em um corpo que não é o dela. Ela repete, sob a forma de atuação, o que talvez tenha sido o desejo de sua mãe: a interrupção de seu nascimento como menina. Nesse momento, ela está colada ao corpo da mãe. O ritual posterior de retirar seu próprio sangue para armazená-lo em pequenos vidros parece ser um modo de objetivar seu corpo em uma tentativa psicótica de se constituir como sujeito em relação ao objeto-mãe. Observa-se que não há uma separação, nesse momento, entre o eu e o objeto.

Retornemos à questão colocada no Capítulo 4: como pensar o objeto freudiano em relação a essa dinâmica objetal "limite" em que o eu ainda não está constituído e cujas "bordas", fronteiras com o objeto, estão confusas? Impulsionados por essa questão, desenvolvemos, nesse capítulo, a forma como a "lixeira" se constituiu como um marcador importante ao longo do tratamento psicanalítico de Ágata.

A "lixeira" é o revelador, em um primeiro momento, da não separação entre os corpos. Entretanto, ela se constitui, ao longo do tempo, como um lugar transferencial importante no sentido de comportar a própria dinâmica do trabalho psicanalítico. Em um primeiro tempo, Ágata foi jogada no lixo (pela mãe). Aos poucos, torna-se capaz de "jogar" e "rejeitar". Observamos que, nessa passagem, uma separação entre interior e exterior se organiza, por meio de momentos diferentes de cortes, de perdas e de relações estabelecidas com o outro. O outro no sentido que emprega Jean Laplanche (Guyomard, 2015): trata-se, na verdade, da alteridade do outro, a presença do inconsciente do outro. A "lixeira" torna-se um continente que pode receber um "alimento ruim", mesmo transformado em lixo. Esse lixo é, entretanto, produto do corpo de

Ágata e, consequentemente, o lixo e a "merda" se confundem com seu corpo.

Colocamo-nos, em seguida, a refletir sobre o trabalho da pulsão de morte, dada a destrutividade visível e inegável em todos os atos que Ágata praticava contra sua vida, seu corpo, contra o tratamento psicanalítico, contra mim (sua psicanalista). Mas a destrutividade pura e simples não nos parecia suficiente para dar conta daquele funcionamento se considerássemos o tratamento em sua totalidade.

Como, de acordo com Freud, a pulsão de morte age sempre ligada a Eros, mergulhamos em textos sobre a questão do *sexual* e de seus intrincamentos e desligamentos com a destrutividade. Chegamos ao que afirmou Laplanche (1999) sobre a "dita pulsão de morte". Ao contrário de Freud, Laplanche se recusa a dar à destrutividade um caráter outro que não o sexual. Segundo o autor, no que diz respeito ao objeto, este nos é dado de imediato. Em outras palavras, o objeto da autoconservação – o leite, por exemplo – é imediatamente imprimido no universo da criança como uma espécie de objeto de apego.

É apenas a partir da passagem pelos cuidados de um adulto (o outro) dotado de um *sexual inconsciente* – o que Laplanche chama de "sedução generalizada" (Scarfone, 2015) – e da criação da fantasia que a criança vai, então, poder procurar o autoerotismo – uma espécie de "dobra" do eu sobre seu corpo próprio, que comporta, já, a falta – fora, no outro, o objeto (ou seu protótipo). É nesse sentido que, segundo o autor, a destrutividade pura não existe. Ela só existe como uma força, sempre sexual, que age, entretanto, no sentido de uma destruição da ligação do sujeito com o objeto.

A invasão por esse sexual mortífero pode, em certos casos, conduzir à psicose. Mas, no caso de Ágata, ele favoreceu a perpetuação de um estado de fusão com o objeto, um círculo vicioso, uma situação de impasse que não permite a constituição da perda. Ágata talvez nunca tenha encontrado, como consequência, o "modo de usar" de outra pessoa, que é, além disso, feito dela mesma.

No que se refere à contratransferência, a dúvida sobre o fato de ser ou não desejada é encenada por Ágata desde o início de sua análise. Ela propõe uma espécie de "jogo do *fort-da*" (Freud, 1920/2010) em que, em vez de jogar a bobina, ela a lança a si mesma.

De acordo com Freud, a criança repete, jogando a bobina e segurando o fio (um meio, então, de efetuar uma *mise en scène* ao mesmo tempo fonêmica e motora), o evento traumático do desaparecimento da mãe. Trata-se de uma atividade autoerótica dotada de um imenso prazer. A plasticidade da sexualidade infantil é quem trata o trauma aplicando a ele a sua própria plasticidade. Retomando Fédida (1978/2005a), *desaparecer* não é o mesmo que *morrer*, nem que *estar ausente*, bem como a noção de *interior-exterior* não é equivalente a *dentro-fora*. A constituição de um *dentro-fora* e a possibilidade de simbolização – esta última, obra da linguagem – são engajadas a partir de um assassinato da *coisa*, e, como explica Fédida (1978/2005a): "Trata-se aqui da morte não como *negação*, mas como *negatividade*. ... É dessa morte que se trata no brincar ... a morte que remete ao histórico da negatividade da linguagem. É dela, dessa morte, o que se entende por *ausência*, bem diferente do desaparecimento da mãe" (pp. 266-267).

Parece faltar a Ágata justamente a possibilidade de passar pelo ato do "assassinato da coisa" que resulta na criação de traços. Mais adiante no texto de 1920, Freud (1920/2005a) afirma que o estímulo (uma quantidade de excitação interna) que está na origem da vida psíquica deve encontrar resistência nos traços mnêmicos. A compulsão à repetição seria, então, uma maneira de (re)fazer esses traços de experiência com o objeto com o intuito de gerar angústia. Pois, se não há angústia, a experiência permanece puro medo (*Schreck*).[1] E a repetição, por sua vez, torna-se "repetição de *coisa alguma*", como propusemos anteriormente, na medida em que, entre o corpo de Ágata e o corpo da mãe, não há nada.

Ágata mantém sua psicanalista "entre a cruz e a caldeirinha": se a psicanalista se coloca ao seu lado, desejando em seu lugar, acaba assumindo uma posição assistencialista, contribuindo para obscurecer ou mesmo apagar o desejo de Ágata. Por outro lado, como a chama do desejo de Ágata é fraca, é preciso, por vezes, desejar em seu lugar, a fim de que ela não apague de uma vez.

A questão é como modular esse "fazer em seu lugar" dando, ao mesmo tempo, oportunidade para que seu desejo apareça. Pois, se a psicanalista não está sempre muito presente (uma presença mesmo corporal), a chama corre o risco de se esvair.

Freud (1920/2005a) desenvolveu a hipótese de um masoquismo primário, uma parte da pulsão de morte que se volta contra o eu a fim de recriar os traços mnêmicos para restaurar a angústia no psiquismo. Os cortes que Ágata inflige em seu corpo seriam marcas corporais que poderiam ajudá-la a inscrever, como marca mnêmica, algo não pôde acontecer de outra forma? E retirar o sangue e armazená-lo seria uma ação ligada, do mesmo modo, à busca pela simbolização de um corpo que cai em um buraco negro?

As respostas a essas questões se orientariam em um sentido positivo. Na análise de Ágata, como em tantas outras análises de pacientes *borderline*, costumamos ouvir uma espécie de "comando superegoico" que se distancia do complexo de Édipo. Encontramos injunções como "Seja infeliz!" ou "Não exista!", nas quais está presente um caráter masoquista. Mas o masoquismo já é uma forma

---

1 Esta experiência está bem descrita pela escritora Clarice Lispector (1969/1982) na voz da personagem Lóri: "Não. Nem mesmo a angústia. O peito vazio, sem contração. Não havia grito" (p. 23).

de ligação, de erotização da pulsão de morte. Ele é mesmo uma solução. Poderíamos supor, a partir dessa reflexão, que Ágata efetua tentativas de instauração do masoquismo primordial? E aqui está uma primeira hipótese relacionada à construção: a construção ou criação de traços, a partir do masoquismo primário, que se daria a partir de uma primeira possibilidade de supressão ou de dissolução da experiência com o objeto.

O Capítulo 5 foi elaborado a partir da ideia exposta pouco antes da "ausência de traços" e da possibilidade de "traçado". Parece-nos que a primeira tentativa de constituição de um traço, de "desenhar um objeto", tenha sido efetuada por Ágata pela sua escolha da profissão de arquiteta, mas na qual ela falha – ela nunca conseguiu trabalhar como arquiteta. Em seguida, a criação de personagens "desenhados" em "cenários" fora da sala de análise nos levou a pensar nos traços e em sua inscrição como escrita ficcional, como a construção de narrativas literárias. Em outras palavras: um processo de construção de objeto como criação de metáforas. Assim, Ágata encontra junto a certos lugares da cidade de São Paulo os "significantes" sobre os quais ela tece suas histórias, nas quais ela se coloca, além do mais, como protagonista.

Nós, que até esse momento havíamos discorrido apenas a respeito do pai e da função paterna (e suas metáforas utilizadas por Freud e Lacan), fomos, então, levados a considerar a presença da mãe, ou pelo menos a presença da potência materna, nessa busca empreendida por Ágata por metáforas enraizadas dentro da cidade. Seus personagens carregam, ao mesmo tempo, um tanto do conceito de fetiche (Freud, 1927, 1905/2016; Safatle, 2010), na medida em que fornecem um suporte para que uma cena fantasmática seja criada. Há a projeção sustentada por um suporte material. As exigências do capitalismo geraram um consumo desenfreado pelos habitantes das metrópoles, o que faz com o que trabalho cotidiano substitua qualquer outra atividade humana. As cidades crescem de forma desordenada e, como consequência, começam a existir espaços vazios espalhados por elas, privados da possibilidade de serem integrados no conjunto da *polis*:

> *A sociedade dita de consumo, quando estabelece laços sociais fortemente induzidos pelos significantes de mercado, impõe-se de forma tensa e contraditória e inaugura, assim, uma nova forma de viver o tempo e, consequentemente, uma maneira de viver o sentido da vida. Paralelamente à convicção ainda enraizada no tempo linear, cumulativo – o tempo da história, regido pela lei do progresso (tecnológico e, em princípio, moral) –, vem outro tempo marcado pelo desejo, por um ritmo interno, um nervosismo que decorre da renovação incessante e fugaz que é uma promessa do mercado. (Marinas, n.d.)*

A ideia de "resto" – aquilo que é aparentemente banal e habitualmente esquecido – é talvez o que ligue os Capítulos 4 e 5. No Capítulo 4, teríamos a "lixeira" como continente para os restos: o lixo, a sujeira, em suma, a "merda humana". No Capítulo 5, se arriscássemos uma reflexão a respeito da dimensão psíquica da cidade (*polis*), os restos corresponderiam, então, às falhas no real, fundamentais, entretanto, para a criação de um sentido e de novas maneiras de se estabelecer uma relação com esse mesmo real. Ou seja, se a possibilidade de simbolização do real é descoberta por uma falha, esta não é concebível senão por meio dos restos: os lugares indizíveis, ainda não traváveis.

A relação entre o sujeito e seus excrementos foi estabelecida não somente por Freud, mas também por Žižek (2008) quando este discute a inscrição do sujeito contemporâneo na cultura. O autor formula a questão da falta de um universo ideológico na modernidade avançada. O homem como "merda divina" oscila entre a busca do equilíbrio homeostático de prazeres e a atração fatal exercida por um *gozo* excessivo que ameaça perturbar esse equilíbrio.[2]

No mesmo sentido, Nelson da Silva Junior (2014) defende que as grandes narrativas de uma cultura, seus ideais, suas exigências morais podem adoecer na medida em que estabeleçam relações deficitárias entre o conjunto de sujeito e a verdade de sua história e de seu desejo:

> *Consideramos as práticas corporais, em sentido amplo, como os meios pelos quais os sujeitos se posicionam e reagem, em nossa cultura específica, em relação ao resto necessário de seu sofrimento. Nossa hipótese é a de que é por meio da variedade de respostas individuais que implicam e fazem uso do corpo (adesão, submissão, resistência, objeção, oposição) de novos modos de gozar ou de novas formas de tomar posição frente ao conhecimento, ao poder e ao sexo, é que nós poderemos localizar as consequências subjetivas da*

---

2 Žižek confronta a religião a um traumatismo, a existência de um Deus bom e onipotente ao sofrimento terrificante de milhões de inocentes no Holocausto. Retoma o teólogo Martin Luther King, que propôs identificar diretamente homem e excremento: "o homem é como uma merda divina, ele saiu do ânus de Deus"; o protestantismo, considerando "o Cristo como um Deus que, em seu ato de encarnação, identifica-se voluntariamente com sua própria merda, com o real excrementoso que é o homem"; e "o amor divino como amor por essa miserável identidade excrementosa que designamos por homem" (Žižek, 2008, pp. 240-243, em tradução livre).

> *atual economia de normalização inerentes ao neoliberalismo. (Silva Junior, 2014, p. 7, em tradução livre)*

Dando seguimento a essa discussão sobre as relações entre o sujeito e a cultura, retornamos novamente ao exemplo de Ágata e seu modo de se inscrever sobre os "restos" da cidade, sobre os lugares esquecidos, ainda não habitados. Aqui, mostramos que essa inscrição se faz por meio da escrita de um texto. A construção de objeto é concebida – e aqui está nossa segunda hipótese – como a construção de uma narrativa literária.

Lembramos que a escrita comporta ela mesma o aspecto *sexual* ao qual nos referimos anteriormente: esse *sexual* pode ser encontrado no interior dos textos literários. Aqui, evocamos também o fato de que o diretor cinematográfico Lars von Trier aborda de várias maneiras, no cinema contemporâneo, seres humanos à margem, perdidos nos grandes centros urbanos. E lembramos, nessa ocasião, as andanças de Ágata pelo centro de São Paulo em forma de narração literária, como uma maneira de compreender (talvez) aquelas cenas exteriores as quais, é preciso lembrar, não são concebidas como reais, mas como criação, fantasia, na medida em que Ágata faz trabalhar a fala lá onde as palavras necessitam de um assassinato para poder aceder aos significados metafóricos.

No que diz respeito a nossa questão inicial, a saber, "O que é o *borderline* (ou estado-limite)?", já sublinhamos o modo como nos debatemos, em vários momentos da psicanálise de Ágata e de sua posterior escrita, contra esse diagnóstico. Propusemo-nos a oferecer um olhar amplificado – uma espécie de *zoom* sobre a história cultural e social do mundo ocidental por meio de um recuo de alguns anos na cronologia e relembrando a novela escrita no século XIX *História sem nome*, de Barbey d'Aurevilly, retomada nos anos 1960 pelo médico Jean Bernard (1967) para nomear uma doença – e acreditamos que isso permite estabelecer uma ligação da história com os sintomas e com as formas gerais de doença em um certo período. Isso pode abrir caminhos para uma escuta do sintoma que leve em conta um trabalho de subjetivação ligado à criação de laços sociais e culturais com o espaço, com o tempo e com os costumes.

Retomando, então, nossa questão, nós a respondemos de modo a abrir para futuros questionamentos: o *borderline* não é nada além daquilo que dizemos sobre ele, em um dado momento, em um local determinado. Ou seja, nosso olhar pode se modificar se nos deslocamos ou se olhamos com outras lentes.

É importante observar a força que teve a novela de Barbey d'Aurevilly para alargar nossa visão. Em particular pelos paralelos que podem ser traçados entre a história fictícia da personagem Lasthénie de Ferjol e nossa paciente Ágata em sua vida real. Os dois textos trabalham, assim, a questão da mobilidade que esconde um diagnóstico. E isso é o interessante quando estamos em um campo conceitual: o modo como a atribuição de um nome nos permite ver e esclarecer certo número de pontos, mas também o modo como essa mesma ação de nomear deixa de lado alguns outros aspectos e mesmo exclui certos pensamentos que devem permanecer em outro lugar.

Finalmente, uma última questão se abre. Antes do advento do narcisismo, a psicanálise foi para Freud a análise do id, baseada e construída para pacientes histéricas cujo eu era suficientemente organizado e o narcisismo, suficientemente constituído. Após a conceitualização do narcisismo, começa-se a falar em trauma. O narcisismo evoca uma intensidade, algo quantitativo que faz efração, que ultrapassa limites. Com efeito, são os limites do eu que são ultrapassados. Do mesmo modo, se falamos agora do eu, falamos do inconsciente como o outro do eu. O narcisismo implica que haja, de agora em diante, um inconsciente do eu.

Passamos a considerar as situações de feridas do eu, de cicatriz e de traços de caráter. Até chegarmos ao texto de 1937, *Análise terminável e interminável*, em que Freud desloca o foco de uma análise: de um lado, analisamos o id, de outro, analisamos o eu. Freud menciona, sem desenvolver, não somente o que está na origem das psicanálises de pacientes *borderline*, como também define a própria dimensão *borderline* no *Esboço de psicanálise* (1938): são sujeitos cujos mecanismos de defesa são psicóticos, mas que permanecem adaptados ao mundo. E cujas análises do eu, acrescentamos, só serão desenvolvidas pelos pós-freudianos. É fácil, entretanto, cair na armadilha de reduzir a psicanálise a uma tarefa psicoterapêutica, consistindo em corrigir, modificar, retocar ou reforçar o eu.

Se o conjunto do método psicanalítico – associação livre, atenção flutuante e interpretação fundamentada no presente transferencial – é baseado na análise do id, como pôr em prática a nova tarefa – a partir da segunda tópica e da introdução do narcisismo – que consiste em analisar o eu? Haveria uma forma de analisar o narcisismo considerando o eu em sua dimensão sexual, pulsional?

Trata-se de uma questão aberta. Mas chamamos a atenção para a famosa frase de Freud em *O eu e o id*: "o eu é, sobretudo, corporal, não é apenas uma entidade superficial, mas ele é mesmo a projeção de uma superfície" (Freud, 1923/2011, p. 32). O eu é, então, um derivado das sensações corporais as quais encontram sua origem sobre a superfície do corpo. O eu é, consequentemente, uma projeção mental da superfície do corpo.

Há uma particularidade do eu: ele procura a permanência, a continuidade. A fantasia narcísica é a da eternidade, de um eu que engole o tempo e cujo fim se confundiria com o fim do mundo.

214 O QUE CONCLUIR

A identidade é, ela também, uma fantasia, mas trata-se de uma fantasia vital, como a ilusão que está embutida no "Eu".[3]

Assim, uma das maneiras possíveis de trabalhar com o eu em psicanálise – e, por extensão, com pacientes *borderline* – é considerar os elementos constantes do processo analítico, aqueles que insistem no tempo. A ideia é que o eu é uma entidade de fronteiras, e o enquadre, o sítio, para retomar Pierre Fédida (1995/1999), é uma palavra geográfica. Há algo de comum entre o sítio e o eu. Ambos são entidades de fronteira e o eu é depositado sobre as fronteiras do dispositivo analítico. O enquadre analítico é feito para oferecer contenção ao paciente. Para os pacientes *borderline*, é necessário, então, criar, inventar uma continuidade que ainda não existe. É preciso colocar certa confiança e tranquilidade no eu desses pacientes. A aquisição dessa noção de continuidade do eu é fabricada a partir da continuidade da análise. Aqui, nada é interpretado, a análise acontece a partir do sítio. E, neste ponto, nós nos colocamos, talvez, do lado da análise do eu.

Acrescentamos que a experiência de construção de objeto de Ágata foi também, e ao mesmo tempo, uma construção do eu e uma experiência de corporeidade. Entretanto, podemos concebê-la não como um modelo de positividade, mas contendo elementos de instabilidade. Ágata pode tornar-se um ser inscrito socialmente não somente a partir do princípio da construção de uma identidade e de uma diferenciação, mas também a partir de um princípio de indeterminação em que o sujeito é concebido como um conjunto de interesses e se apresenta de maneira instável, negativa e

---

3 O "eu" grafado com minúscula equivale ao pronome pessoal tônico "moi" do francês utilizado por Paulo César de Souza para traduzir o Ich (eu) freudiano comumente traduzido por ego. Já o "Eu" grafado com maiúscula designa o sujeito, abrangendo, portanto, fantasias e processos de simbolização.

indeterminada, e cujos limites coincidem com os limites do "sítio" – ao mesmo tempo, o enquadre analítico e os lugares da *polis*.

Por fim, para não cair na armadilha de acreditar que o "sítio" e o enquadre analítico se distanciam muito dos lugares, dos locais da cidade, tomamos mais uma vez um exemplo em Žižek (2008), em que ele afirma que a ligação entre o analista e o paciente é não somente o discurso, a palavra, mas também o dinheiro. Nesse sentido, ambos têm acesso aos restos da urbanidade. Devemos pagar um preço e o laço é, então, simbólico e real, situando-se no nível do significante mas também no do objeto:

> *Para desvendar o mistério do desejo, precisamos prestar atenção ... na atitude do avarento em relação ao seu cofre, ao lugar secreto onde ele junta e guarda suas posses. ... Na figura do avarento, o excesso coincide com a falta, o poder com a impotência, a acumulação gananciosa com a elevação do objeto ao estatuto de coisa intocável/proibida a qual podemos apenas observar, sem jamais poder desfrutar plenamente dela. (Žižek, 2008, pp. 280-281, em tradução livre)*

Referências

Abelhauser, A. (2013). *Mal de femme. La perversion du féminin*. Paris: Seuil.

American Psychiatric Association [APA]. (1968). *Diagnostic and Statistical Manual of Mental Disorders* (2nd ed.). Washington, DC: APA.

American Psychiatric Association [APA]. (1980). *Diagnostic and Statistical Manual of Mental Disorders* (3rd ed.). Washington, DC: APA.

American Psychiatric Association [APA]. (1994). *Diagnostic and Statistical Manual of Mental Disorders* (4th ed.). Washington, DC: APA.

American Psychiatric Association [APA]. (2013). *Diagnostic and Statistical Manual of Mental Disorders* (5th ed.). Washington, DC: APA.

André, J. (1999). Entre angoisse et détresse. In J. André, & C. Chabert (Dir.), *Etats de détresse* (pp. 9-30). Paris: PUF. (Coleção Petite Bibliothèque de Psychanalyse).

André, J. (1999). L'unique objet. In *Les états limites, nouveau paradigme pour la psychanalyse?* (p. 1-121). Paris: PUF, 2005.

André, J. (2010). *Les désordres du temps.* Paris: PUF.

André, J. (2011a). L'analyste Winnicott. *Le Carnet Psy,* (152), 36-40.

André, J. (2011b). Laura, or the sexual borders of need. *IJP,* (92), 764.

Araújo, A. C., & Lotufo Neto, F. (2014). A nova classificação americana para os transtornos mentais: o DSM-5. *Revista Brasileira de Terapia Comportamental e Cognitiva, 16*(1), 67-82.

Assis, M. (1885). O Cônego ou Metafísica do Estilo. In *Obra Completa* (Vol. II, pp. 570-573). Rio de Janeiro: Nova Aguilar, 1994.

Assoun, P.-L. (1983). *Freud et la femme.* Paris: Calmann-Lévy, 1994.

Assoun, P.-L. (2003). Névrose, Psychose, Perversion. In *Lacan* (pp. 87-94). Paris: PUF, 2011. (Coleção Que sais-je?).

Baligand, P. (2013). *Une chambre à soi: étude psychanalytique de la notion de chez-soi à travers les liens entre espace et présentabilité* (Tese de doutorado). Universidade Paris Diderot, Paris.

Baranger, W. (1981). Estatuto metapsicológico do objeto. In *Posição e objeto na obra de Melanie Klein* (pp. 39-45). Porto Alegre: Artes Médicas.

Baranger, W. (1994). Conclusões e problemas a respeito do objeto. In W. Baranger (Dir.), *Contribuições ao conceito de objeto em psicanálise* (pp. 277-290). São Paulo: Casa do Psicólogo, Clínica Roberto Azevedo.

Barbey D'Aurevilly, J. (1882). *Une histoire sans nom.* Paris: GF-Flammarion, 1990.

Baudelaire, C. (1863). La modernité. In *Le peintre de la vie moderne*. Recuperado de www.litteratura.com/ressources/pdf/ oeu_29. pdf.

Bernard, J. (1967, outubro). Le syndrome de Lasthénie de Ferjol. *La Presse Médicale, 75*(42), 26.

Blaise, M. (2002). Des astres, des forets et d'Acheron l'honneur: Diane ou les frontières de l'autre. In J. Dury (Ed.), *Le lieu dans le mythe* (Vol. 3, pp. 157-175). Limoges: PULIM. (Coleção Espaces Humaines).

Bleuler, E. (1911). *Dementia Præcox. Groupe des schizophrénies.* Paris: GREC/EPEL, 1993. (Coleção **École** Lacanienne de Psychanalyse).

Candi, T. (2010). *O duplo limite: o aparelho psíquico de André Green*. São Paulo: Escuta.

Cesar Merea, E. (1994). O conceito de objeto na obra de Freud. In W. Baranger (Dir.), *Contribuições ao conceito de objeto em psicanálise* (pp. 1-18). São Paulo: Casa do Psicólogo, Clínica Roberto Azevedo.

Dalgalarrondo, P. (1996). História e psicopatologia do transtorno borderline: da esquizofrenia latente aos transtornos de perso-nalidade. *Psiquiatria Biológica, 4*(3), 165-175.

Dérrida, J. (1967). *De la grammatologie*. Paris: Minuit.

Dor, J. (1985). La métaphore paternelle comme "carrefour structural de la subjectivité". In *Introduction à la lecture de La-can – L'inconscient structuré comme un langage. La structure du sujet* (pp. 87-173). Paris: Denoël, 2002.

Dunker, C. I. L. (2011). Mal-estar, sofrimento e sintoma: releitu-ra diagnóstica lacaniana a partir da perspectivismo animista. *Tempo Social, 23*(1), 115-136.

Dunker, C. I. L. (2014a). Questões entre a psicanálise e o DSM. *Jornal de Psicanálise, 47*(87), 79-107.

Dunker, C. I. L. (2014b, junho). Subjetivações e gestão dos riscos na atualidade: reflexões a partir do DSM-5: entrevista com Christian Dunker. *Revista EPOS, 5*(1), 181-190.

Dunker, C. I. L. (2014c, janeiro/abril). Estrutura e personalidade na neurose: da metapsicologia do sintoma à narrativa do sofrimento. *Psicologia USP, 25*(1), 77-96.

Dunker, C. I. L., Cromber, R. U., & Safatle, V. (2013, dezembro). As medidas do Eu. *Revista Percurso*, (51), 151-160.

DSM-IV (2002). *Manual Diagnóstico e Estatístico de Transtornos Mentais* (4ª ed.). Porto Alegre: Artes Médicas.

Elfakir, A. (1993). États limites et discours psychanalytique (Otto Kernberg et la question de l'inanalysabilité des patients dits cas limites). *Études psychothérapiques*, (8), 161-180.

Fairbairn, W. R. D. (1941). Une psychopathologie révisée des psychoses et des psychonévroses. In *Études Psychanalytiques de la Personnalité* (pp. 32-33). Paris: Monde Interne, 1998.

Fairbairn, W. R. D. (1952). Les facteurs schizoïdes dans la personnalité. *Nouvelle Revue de psychanalyse*, (10), outono de 1974, 35-39.

Fédida, P. (1974). *Dictionnaire (abrégé, comparatif et critique des notions principales) de la Psychanalyse*. Paris: Librairie Larousse.

Fédida, P. (1978). L'objeu. Objet, jeu et enfance. L'espace psycho-thérapeutique. In *L'absence* (pp. 137-281). Paris: Gallimard, 2005a. (Coleção Folio Essais).

Fédida, P. (1978). Présentation. In *L'Absence* (pp. 266-267). Paris: Gallimard, 2005b. (Coleção Folio Essais).

Fédida, P. (1978). Topiques de la théorie. In *L'Absence* (pp. 267-268). Paris: Gallimard, 2005c. (Coleção Folio Essais).

Fédida, P. (1978). Clinique psychopathologique des cas-limites et métapsychologie du fonctionnement limite. *Psychanalyse à l'Université*, 5(17), 77-78.

Fédida, P. (1995). *Le site de létranger: la situation psychanalytique.* Paris: PUF, 1999.

Fédida, P. (2000). *Par où commence le corps humain? Retour sur la régression.* Paris: PUF, 2001. (Coleção Petite Bibliothèque de Psychanalyse).

Figueiredo, L. C. (2000). O caso-limite e as sabotagens do prazer. *Revista Latinoamericana de Psicopatologia Fundamental*, 3(2) [online]. Recuperado de: http://www.redalyc.org/articulo. oa?id=233018266005.

Freud, S. (1895). Mémoire et jugement. In *Esquisse d'une Psychologie Scientifique, La naissance de la psychanalyse* (pp. 348-349). Paris: PUF, 1979. (Coleção Bibliothèque de Psychanalyse).

Freud, S. (1895). *L'esquisse d'une psychologie scientifique, La naissance de la psychanalyse.* Paris: PUF, 2009.

Freud, S. (1900). La régression, Sur la satisfaction de désir. In *L'interprétation du rêve* (Vol. IV, pp. 593-616). Paris: Seuil, 2010.

Freud, S. (1905). Trois essais sur la théorie sexuelle. In *Œuvres complètes de Freud* (Vol. VI, pp. 145-181). Paris: PUF, 2006·

Freud, S. (1905). Três ensaios sobre a teoria da sexualidade. In *Obras Completas* (Vol. 6, pp. 13-172). São Paulo: Companhia das Letras, 2016.

Freud, S. (1907). O delírio e os sonhos na "Gradiva" de W. Jensen. In *Obras Completas* (Vol. 8, pp. 13-122). São Paulo: Companhia das Letras, 2015.

Freud, S. (1908). La morale sexuelle civilisée et la maladie nerveuse des temps modernes. In *La vie sexuelle* (pp. 28-46). Paris: PUF, 1969.

Freud, S. (1909). Análise da fobia de um garoto de cinco anos [O pequeno Hans]. In *Obras Completas* (Vol. 8, pp. 243-244). São Paulo: Companhia das Letras, 2015.

Freud, S. (1911). Grande est la Diane des Éphésiens. In *Œuvres complètes de Freud* (Vol. 11, pp. 51-53). Paris: PUF, 2009.

Freud, S. (1912). A dinâmica da transferência. In *Obras Completas* (Vol. 10, pp. 133-146). São Paulo: Companhia das Letras, 2010.

Freud, S. (1914). Repetir, Recordar, Elaborar. In *Edição Standard Brasileira das Obras Completas de Sigmund Freud* (Vol. 12, pp. 191-203). Rio de Janeiro: Imago, 1969.

Freud, S. (1914). On Narcissisme. In *The Standard Edition of the Complete Psychological Works of Sigmund Freud* (Vol. 14, pp. 67-102). London: Hogarth Press, 1981.

Freud, S. (1914). Repeating, recording and working-through. In *The Standard Edition of the Complete Psychological Works of Sigmund Freud* (Vol. 12, pp. 145-156). London: Hogarth Press, 1986.

Freud, S. (1914). Introdução ao narcisismo. In *Obras Completas* (Vol. 12, pp. 13-50). São Paulo: Companhia das Letras, 2010a.

Freud, S. (1914). Recordar, repetir e elaborar. In *Obras Completas* (Vol. 10, pp. 193-209). São Paulo: Companhia das Letras, 2010b.

Freud, S. (1915). L'Inconscient. In *Œuvres complètes de Freud* (Vol. 13, pp. 205-242). Paris: PUF, 1988a.

Freud, S. (1915). Pulsions et destin de la pulsion. In *Œuvres complètes de Freud* (Vol. 13, pp. 163-185). Paris: PUF, 1988b.

Freud, S. (1915). Pulsão e destinos da pulsão. In L. A. Hanns (Coord.), *Escritos sobre a psicologia do inconsciente: Obras psicológicas de Sigmund Freud* (Vol. 1, pp. 133-173). Rio de Janeiro: Imago, 2004a.

Freud, S. (1915). O recalque. In L. A. Hanns (Coord.), *Escritos sobre a psicologia do inconsciente: Obras psicológicas de Sigmund Freud* (Vol. 1, pp. 175-186). Rio de Janeiro: Imago, 2004b.

Freud, S. (1915). O inconsciente. In *Obras Completas* (Vol. 12, pp. 99-150). São Paulo: Companhia das Letras, 2010.

Freud, S. (1916). Lição 26: A teoria da libido e o narcisismo. In *Obras Completas* (Vol. 13, pp. 545-569). São Paulo: Companhia das Letras, 2014.

Freud, S. (1917). Luto e melancolia. In *Luto e melancolia: Sigmund Freud* (pp. 40-87). São Paulo: Cosac Naify, 2011.

Freud, S. (1917). Deuil et mélancolie. In *Œuvres complètes de Freud* (Vol. 13, pp. 261-278). Paris: PUF, 2005.

Freud, S. (1920). Além do princípio do prazer. In *Obras Completas* (Vol. 14, pp. 161-239). São Paulo: Companhia das Letras, 2010.

Freud, S. (1923). O eu e o id. In *Obras Completas* (Vol. 16, pp. 13-74). São Paulo: Companhia das Letras, 2011.

Freud, S. (1924). Névrose et psychose. In *Œuvres complètes de Freud* (Vol. 17, pp. 3-7). Paris: PUF, 1992.

224   REFERÊNCIAS

Freud, S. (1924). O problema econômico do masoquismo. In *Obras Completas* (Vol. 16, pp. 184-202). São Paulo: Companhia das Letras, 2011.

Freud, S. (1927). Le fétichisme. In *La vie sexuelle* (pp. 133-138). Paris: PUF, 1969.

Freud, S. (1930). Le malaise dans la culture. In *Œuvres complètes de Freud* (Vol. 18, pp. 249-333). Paris: PUF, 2002.

Freud, S. (1931). De la sexualité féminine. In *Œuvres complètes de Freud* (Vol. 19, pp. 9-28). Paris: PUF, 2004.

Freud, S. (1933). A dissecção da personalidade psíquica. In *Obras Completas* (Vol. 18, pp. 192-223). São Paulo: Companhia das Letras, 2010.

Freud, S. (1937). L'analyse avec fin et l'analyse sans fin. In *Résultats, Idées, Problèmes* (Vol. 2, pp. 231-268). Paris: PUF, 1998.

Freud, S. (1937). L'Analyse finie et l'analyse infinie. In *Œuvres complètes de Freud* (Vol. 20, pp. 13-55). Paris: PUF, 2010a.

Freud, S. (1937). Constructions dans l'analyse. In *Œuvres complètes de Freud* (Vol. 20, pp. 57-73). Paris: PUF, 2010b.

Freud, S. (1938). *Abrégé de Psychanalyse*. Paris: PUF, 1949. (Coleção Bibliothèque de psychanalyse et de psychologie clinique).

Freud, S. (1939). Moses and monotheism. In *The Standard Edition of the Complete Psychological Works of Sigmund Freud* (Vol. 23, pp. 3-137). London: Hogarth Press, 1986.

Freud, S. (1939). Essai II. In *L'Homme Moïse et la religion monothéiste. Trois essais* (pp. 77-128). Paris: Gallimard, 2002. (Coleção Folio Essais).

Freud, S. (1917). O desenvolvimento da libido e as organizações sexuais. In *Obras Completas* (Vol. 13, pp. 344-365). São Paulo: Companhia das Letras, 2010.

Green, A. (1966, junho). L'objet (a) de J Lacan, sa logique et la théorie freudienne. Convergences et interrogations. *Revue Cahiers pour l'Analyse*, (3), 15-37.

Green, A. (1974). L'analyste, la symbolisation et l'absence dans le cadre analytique. In *La folie privée* (pp. 73-119). Paris: Gallimard, 1990.

Green, A. (1982). La double limite. In *La folie privée* (pp. 337-363). Paris: Gallimard, 1990.

Green, A. (1983). *Langages: II Rencontres psychanalytiques d'Aix--en-Provence, 1983 – Le langage dans la psychanalyse*. Paris: Les Belles-Lettres, 1984.

Green, A. (1983). *Narcissisme de vie, narcissisme de mort*. Paris: Minuit, 2007.

Green, A. (1986). Pulsion de mort, narcissisme négatif, fonction désobjectalisante. In *La pulsion de mort* (pp. 49-60). Paris: PUF.

Green, A. (1993). *Le travail du négatif*. Paris: Minuit, 1995.

Green, A. (1999). Genèse et situation des états limites. In J. André (Dir.), *Les états limites, nouveau paradigme pour la psychanalyse?* (4ª ed., pp. 23-68). Paris: PUF, 2005. (Coleção Petite Bibliothèque de Psychanalyse).

Green, A. (2002). *Idées directrices pour une psychanalyse contemporaine: méconnaissance et Reconnaissance de l'Inconscient*. Paris: PUF.

Guyomard, P. (2015). Laplanche et Lacan. Quelques questions suivies de la réponse de Jean Laplanche. In L. Khan (Dir.), *Revue*

Annuel de l'Association Psychanalytique de France: *"La conviction. Jean Laplanche en débat, le primat de l'autre"* (pp. 142-145). Paris, PUF.

Ju, F. (2012). Quelques repères d'objet chez Freud. In *L'Objet du désir: reste ou vide? La structure inconsciente et le yijing* (Tese de doutorado). Universidade Paris Diderot, Paris.

Kernberg, O. F. (1967). Borderline personality organization. *Journal of the American Psychoanalytic Association, 15,* 641-685.

Kernberg, O. F. (1975). *Borderline conditions and pathological narcissism.* New York: Jason Aronson.

Kernberg, O. F. (1976). *Object relations theory and clinical psychoanalysis.* New York: Jason Aronson.

Kristeva, J. (1987). *Soleil noir. Dépression et mélancolie.* Paris: Gallimard. (Coleção Folio Essais).

Lacan, J. (1966). La chose freudienne. In *Écrits* (pp. 401-436). Paris: Seuil.

Laplanche, J. (1999). La soi-disant pulsion de mort: une pulsion sexuelle. In *Entre réduction et inspiration: l'homme.* Paris: PUF.

Laplanche, J., & Pontalis, J.-B. (1967). *Vocabulaire de la psychanalyse.* Paris: PUF.

Laplanche, J., & Pontalis, J.-B. (1967). *Vocabulário da psicanálise* (10ª ed.). São Paulo: Martins Fontes, 1988.

Le Guen, C. (2008). *Dictionnaire Freudien.* Paris: PUF.

Le Rider, J. (1993, janeiro). Grande est la Diane des Éphésiens. Remarques sur le triangle masculin-féminin-juif, de Goethe à Freud. *Dires,* (13), 1-37.

Linder, L. (2014, 22 de junho). Ruas de SP tinham touradas, treinos de artilharia e forca no século 19. *Folha de S.Paulo,* (200). Re-

cuperado de http://www1.folha.uol.com.br/saopaulo/2014/06/
1473214-ruas-de-sp-tinham-touradas-treinos-de-artilharia-e-
forca-no-seculo-19.shtml.

Lispector, C. (1969). *Uma Aprendizagem ou O Livro dos Prazeres.*
Rio de Janeiro: Nova Fronteira, 1982.

Mahler, M. (1973). *Psychose infantile.* Paris: Payot, 2001.

Marinas, J. M. (n.d.) *Psicanálise e cultura. Dicionário crítico de
arte, imagem, linguagem e cultura.* Fundação Coaparque [on-
line]. Recuperado de: http://www.arte-coa.pt/index.php?Lan-
guage=pt&Page=Saberes&SubPage=ComunicacaoELingua-
gemCultura&Menu2=Autores&Slide=127.

Menezes, L. C. (2008, junho). O pensamento metapsicológico, referência matricial da psicanálise. *Revista Brasileira de Psicanálise, 42*(2), 81-88.

Organização Mundial da Saúde [OMS]. (1976). *Classificação Internacional de Doenças* (9ª rev.). Porto Alegre: Artes Médicas.

Organização Mundial da Saúde [OMS]. (1993). *Classificação Internacional de Doenças* (10ª rev.). Porto Alegre: Artes Médicas.

Pellini, P. (2014, novembro). *Naturalisme et modernisme.* Seminário na Universidade Sorbonne, Paris.

Perec, G. (1974). *Espèce d'espaces.* Paris: Galilée, 2000.

Perec, G. (1989). *L'infra-ordinaire.* Paris: Seuil. (Coleção Librairie
du XXeme Siècle).

Pereira, M. E. C. (1999). A introdução do conceito de "estados-li-
mítrofes" em psicanálise: o artigo de A. Stern sobre "the borderline group of neuroses". *Revista Latinoamericana de Psicopatologia Fundamental, 2*(2), 153-158.

Ponge, F. (1990). *La fabrique du pré*. Lausanne: Skira. (Coleção Les Sentiers de la Création).

Pontalis, J.-B. (1974a, outono). Bornes ou confins? *Nouvelle Revue de Psychanalyse*, (10), 5-16.

Pontalis, J.-B. (1974b, outono). À propos de Fairbairn: le psychisme comme double métaphore du corps. *Nouvelle Revue de psychanalyse*, (10), 56-59.

Pontalis, J.-B. (1996). La relation d'objet et les structures freudiennes. In F. Delbary, *La psychanalyse, une anthologie* (Vol. 2, pp. 39-48). Paris: Agora.

Pontalis, J.-B. (1998). Faut-il ou non brûler la "sorcière métapsychologie"? In J.-B. Pontalis (Dir.), *Cent ans après* (pp. 500-508). Paris: Gallimard. (Coleção Connaissance de l'Inconscient).

Rabain, J.-F. (1990). Lasthénie de Ferjol ou l'objet fantôme. *Revue Française de Psychanalyse*, 54(3), 735-759.

Safatle, V. (2007). Histórias de estruturas. In *Folha Explica Lacan*. São Paulo: Publifolha, 2009. (Coleção Folha Explica).

Safatle, V. (2010). O fetichismo como dispositivo de crítica. *Revista Cult*, 13(144).

Safatle, V. (2012). Le fantasme comme synthèse psychique du temps dans la cure psychanalytique. In M. Coelen, C. Nioche, & B. Santos (Dir.), *Jouissance et Souffrance* (pp. 165-188). Paris: Campagne Première.

Safatle, V. (2016, 22 de julho). Estamos no meio de uma verdadeira epidemia mundial de depressão. *Folha de S. Paulo*. Recuperado de: http://www1.folha.uol.com.br/colunas/vladimirsafatle/2016/07/1794029-estamos-no-meio-de-uma-verdadeira-epidemia-mundial-de-depressao.shtml.

Scarfone, D. (2015). Actualité de la séduction. In *Annuel de l'Association Psychanalytique de France* (p. 147-158). Paris: PUF.

Schaffa, S. (2006). Pierre Fédida e a atualidade dos modelos freudianos: evolução da teoria e prática psicanalítica. *Jornal de Psicanálise*, *39*(71), 101-123.

Silva Junior, N. (2007). Lógica e psicopatologia. In *Linguagens e pensamento. A lógica na razão e na desrazão* (pp. 69-97). São Paulo: Casa do Psicólogo.

Silva Junior, N. (2009). Corps et narration dans la modernité. In J.-L. Gaspard, & C. Doucet, *Pratiques et usages du corps dans la modernité* (pp. 65-84). Toulouse: Érès.

Silva Junior, N. (2014, dezembro). Ellipses freudiennes: changements du corps comme un symptôme de la culture actuelle. *Comunicação oral no 7º Rencontre de la Société Internationale de Psychanalyse et Philosophie*, Universidade Louis--Maximilians, Munique.

Souza, P. C. (1998). *As palavras de Freud: o vocabulário freudiano e suas versões*. São Paulo: Companhia da Letras, 2010.

Stern, A. (1938). Psychoanalytic investigation and therapy in the border line group of neuroses. *The Psychoanalytic Quarterly*, *7*, 467-489.

Tavares, P. H. M. B. (2012, dezembro). O vocabulário metapsicológico de Sigmund Freud – da língua alemã às suas traduções. *Pandaemonium*, *15*(20), 1-21.

Vasset, P. (2013). *La conjuration*. Paris: Fayard.

Winnicott, D. W. (1969). Objets transitionnels et phénomènes transitionnels. In *De la pédiatrie à la psychanalyse* (pp. 174-183). Paris: Payot.

Winnicott, D. W. (1988). *La nature humaine*. Paris: Gallimard, 1990.

Žižek, S. (2003). Passions du réel, passions du semblant. *Savoirs et clinique*, 3(2), 39-56.

Žižek, S. (2008). *La parallaxe*. Paris: Fayard. (Coleção Ouvertures).

GRÁFICA PAYM
Tel. [11] 4392-3344
paym@graficapaym.com.br